Consejos para padres divorciados

Consejos para padres divorciados

MARTHA ALICIA CHÁVEZ

Grijalbo

Consejos para padres divorciados

Primera edición: mayo, 2009
Primera reimpresión: julio, 2009
Segunda reimpresión: julio, 2009

D. R. © 2009, Martha Alicia Chávez

D. R. © 2009, derechos de edición mundiales en lengua castellana:
    Random House Mondadori, S. A. de C. V.
    Av. Homero núm. 544, col. Chapultepec Morales,
    Delegación Miguel Hidalgo, 11570, México, D. F.

www.rhmx.com.mx

Comentarios sobre la edición y el contenido de este libro a:
literaria@rhmx.com.mx

ISBN 978-607-429-380-7

Impreso en México / *Printed in Mexico*

A mi ex esposo...

Gracias por todo lo bueno.
Gracias por los aprendizajes.
Gracias por lo mejor que tengo en la vida:
nuestros hijos.

Índice

Introducción

El divorcio es una experiencia devastadora. Quienes hemos pasado por uno lo sabemos. Algunos lo consideran un fracaso, otros una liberación y para otros más es un acto de honestidad y valor. Tal vez tenga algo de los tres... y más...

Sea como sea, el divorcio es una opción que elegimos; una decisión que tomamos porque consideramos que es lo mejor, porque hasta ahí pudimos llegar.

Según un informe del Instituto Nacional de Estadística y Geografía (INEGI), presentado el 14 de febrero de 2008, 12.3% de los matrimonios en México se divorcia.[1] El divorcio existe en todo el mundo, y Suecia ocupa el primer lugar, donde 54.9% de las uniones conyugales termina su relación; en Estados Unidos, 45.8%; en Canadá, 37%; en España, 15.2%, y en India, 1.1 por ciento.[2]

Muchas parejas llevan a cabo el proceso legal/oficial de divorcio casi inmediatamente después de separarse, y otras

---

[1] Fuente: Instituto Nacional de Estadística y Geografía, www.inegi.gob.mx.

[2] Fuente: Americans for Divorce Reform, Inc., www.divorcereform.org.

–por un sinnúmero de razones– tardan años en hacerlo. Aunque a lo largo del libro utilizo el término *divorcio*, estoy refiriendo mis comentarios y recomendaciones también a la situación de estar *separados* aun cuando éste no se haya consolidado todavía de manera oficial.

Nos guste o no, lo consideremos aceptable o intolerable, malo, bueno o neutro, el divorcio es una realidad social, ante la cual debemos abrir los ojos y apoyar a quienes transitan por uno o viven ya en esa circunstancia, para que lo hagan de la mejor manera posible.

En este libro no cuestionaremos si hicimos bien o mal, si debimos quedarnos o irnos. Tampoco nos embarcaremos en un océano de juicios acerca del divorcio, porque de ésos ya tenemos muchos. En este libro, pues, hablaremos de las múltiples incertidumbres y confusiones que los padres divorciados tenemos en relación con nuestros hijos. Sobre las inquietantes dudas que nos asaltan respecto de temas como la manera en que podemos ayudarlos a superar este proceso; cómo decirles que nos divorciaremos; de qué forma organizaremos la convivencia de los hijos con cada uno de los padres, abuelos y el resto de la familia; el manejo del dinero; cuándo y cómo es aconsejable iniciar una nueva relación de pareja, y la manera en que haremos frente a los múltiples cambios que inevitablemente suceden en las rutinas y en el cuidado de los hijos.

Con frecuencia los padres cometemos importantes errores en el manejo de las diversas situaciones relacionadas con nuestros hijos, tanto durante el proceso de divorcio como después del mismo. Esto se debe en gran medida a que, en nuestra sociedad, el divorcio es muy "mal visto", lo que hace que a veces los padres carguen con una especie de vergüenza o estigma, que los lleva a aislarse y a no pedir ayuda, y otros no saben que la ayuda existe.[3] Asimismo nos encontramos con la realidad de que muchos gobernantes, autoridades escolares o religiosas, o directivos de alguna institución, establecen toda clase de programas de ayuda y apoyo para padres, pero no para padres divorciados, tales como grupos de apoyo, cursos o asistencia terapéutica. Tal vez en el fondo se deba a que suponen que si lo hicieran, muy probablemente su popularidad menguaría dramáticamente y serían considerados como "promotores de tan horrenda situación social".

Sea como sea, el interés de las instituciones escolares, gubernamentales, religiosas o privadas por apoyar a los padres divorciados es mínima, comparada con su inclinación por ayudar a los padres que no lo son. Así pues, los padres divorciados vamos por la vida preguntando (en ocasiones a quien sabe aún menos que nosotros); buscando aquí y allá, en un intento –generalmente desesperado– de encontrar respuestas a nuestras dudas… pero muy solos, haciendo lo mejor que podemos para superar esta intensa experiencia.

En diversas ocasiones he impartido cursos/talleres para personas divorciadas, quienes –precisamente por el aislamiento en que se encuentran– describen su experiencia en ellos como un bálsamo que les aquieta el alma y como una bocanada de aire fresco que les aclara la mente y les da nuevos bríos y respuestas.

Ése es justamente el motivo que me impulsa a escribir este libro, en el que pretendo conjuntar numerosas preguntas sobre los hijos en la situación de divorcio: las que yo misma tuve en su momento, y las que cientos de

---

[3] En la parte final del libro encontrarás el apéndice "Dónde buscar ayuda" (psicológica y legal) para padres divorciados.

padres y madres divorciados me han planteado, las cuales iré presentando a lo largo de la obra con el propósito de proponer posibles respuestas.

Además, en cada apartado ofreceré lo que estaré llamando *propuesta clave*, la cual ejemplifica la manera en que sugiero abordar o presentar dicha situación a los hijos. Debido a que cuando se trata de seres humanos no hay reglas ni recetas de cocina aplicables a todos y siempre, te pido por favor que tomes la *propuesta clave* justamente como eso: una propuesta, una guía, y que tú la alargues, acortes, modifiques o adaptes, de acuerdo con la edad de tus hijos y con tu propio lenguaje, criterio, creencias y circunstancias específicas de tu situación familiar.

Apoyar a nuestros hijos para transitar por un proceso de divorcio y para vivir en esa circunstancia de la mejor manera posible, marcará una gran diferencia en sus vidas. El único requisito para lograrlo es que tengamos la total disposición de tomar las acciones necesarias y, sobre todo, de mantener una actitud adulta y madura que nos permita ver –por encima de nuestro ego y resentimientos– aquello que sea lo mejor para ellos y actuar en consecuencia. La combinación de ambos factores (acción y actitud) nos ayuda a descubrir herramientas y respuestas. Confío en que en este libro encontrarás algunas.

1

Cómo decir a sus hijos que han decidido divorciarse

Durante sus primeros nueve años de edad, aproximadamente, los niños presentan un tipo de proceso de razonamiento llamado *pensamiento mágico*; significa que el pequeño cree que de alguna manera él es el causante de muchas de las cosas que suceden a su alrededor, y por lo tanto es responsable de las mismas. Por ejemplo, si el padre o la madre está enojado, triste o enfermo y el niño no conoce la causa, creerá que es porque él hizo algo o lo dejó de hacer: porque no se bañó, porque no comió bien, porque sacó bajas calificaciones, porque vio televisión demasiado tiempo, porque peleó con su hermano, etcétera.

Cuando los padres deciden divorciarse es muy importante que se lo comuniquen a sus hijos de una manera adecuada, ya que la primera reacción que tendrán será creer que ellos tienen la culpa por razones como las que mencioné en el párrafo anterior. Los padres, por lo tanto, deben informar a los niños sobre la decisión que han tomado, dejándoles bien claro que ellos no son responsables de dicha resolución.

Los niños mayores, los adolescentes e incluso los hijos adultos también pueden –en cierta manera– sentirse responsables del divorcio, en el sentido de creer que tal vez pudieron o pueden todavía hacer algo para evitarlo, o que de alguna forma pueden "ayudar" a sus padres a analizar su situación, a resolver sus problemas o inclusive a cambiar de opinión. Es de suma importancia que les dejemos claro como el agua que ningún hijo causó el divorcio, así como nadie tiene el poder o la responsabilidad de cambiar las cosas o interferir en las decisiones que le corresponden sólo a la pareja.

Otro aspecto que hay que tomar muy en cuenta al comunicarle a los hijos sobre la decisión de divorciarse es dejarles bien claro que no significa que perderán a uno de sus padres, sino que simplemente éstos vivirán en lugares separados, pero ellos seguirán teniendo el amor, el apoyo y la compañía de los dos. Los hijos necesitan saber que el divorcio es entre papá y mamá, no entre ellos y uno de sus padres. Por tal motivo, es realmente trascendente que ambos padres sigan asistiendo a juntas de la escuela e involucrándose en todos los aspectos de la vida de sus hijos.

Lamentablemente, en muchas ocasiones, las cosas no suceden de esta manera. El padre o la madre no sólo se divorcian de su pareja, sino también de sus hijos, porque dejan de mantenerlos, de llamarles, de convivir con ellos y ofrecerles su amor y su apoyo. Para esos desafortunados hijos el divorcio significa la pérdida de uno de sus padres. Más adelante hablaré ampliamente sobre la trascendencia que este "abandono" tiene en la vida de los hijos.

De igual importancia es el hecho de que ambos padres, y no sólo uno de ellos, estén presentes cuando les comuniquen a sus hijos sobre la decisión que han tomado y eviten a toda costa emitir acusaciones, culparse uno al otro, o "ventilar" los problemas que tienen.

Propuesta clave

Tu mamá/papá y yo hemos decidido divorciarnos porque no somos felices juntos. Ustedes no tienen la culpa de esto. No es porque ustedes hayan hecho o no hayan hecho algo; nosotros así lo decidimos porque consideramos que es lo mejor. No significa que ustedes van a perder a su mamá/papá, o ya no lo van a ver. Toda la vida nos van a tener a los dos para cuidarlos, amarlos y apoyarlos, simplemente vamos a vivir en casas separadas.

De esta forma los hijos no cargarán la responsabilidad del divorcio de sus padres y comprenderán con alivio que seguirán teniendo la compañía y el amor de ambos.

A veces los hijos, en su afán de cambiar la decisión de sus progenitores, les ofrecen "trueques", como veremos en estos casos:

Luis tenía siete años cuando sus padres le dijeron que se iban a divorciar y le explicaron de manera clara, detallada y amorosa las implicaciones de esa decisión, como el hecho de que su papá se iría a vivir a otra casa, etc. El niño escuchó tranquilo, y cuando sus padres le preguntaron si quería decir algo, respondió que no. Seguramente en su interior siguió procesando el asunto, y un par de días después le preguntó a su mamá que si él les prometía tender su cama diario, mantener su cuarto ordenado y limpio y hasta lavar su ropa, ellos no se divorciarían.

Una niña de ocho años escribió una carta a sus padres días después de que ellos les informaron a sus hijos que habían decidido divorciarse. En ella les decía: "Si se quedan juntos, les prometo sacar puros dieces en la escuela".

Un adolescente les ofreció NUNCA más ir al antro los fines de semana (lo cual siempre era causa de discusiones entre él y sus padres) a cambio de que acudieran a terapia de pareja para solucionar sus problemas y evitar la ruptura.

Un hijo de veintitantos años, ya casado y con un bebé, les dijo a sus padres que no se divorciaran y en su lugar, cada que tuvieran un problema o discusión le llamaran y él iría a "resolverlo".

Los padres NUNCA deben aceptar este tipo de "tratos" que sus hijos ofrecen con el fin de hacerlos desistir de su decisión de divorciarse. Al hacerlo inician un juego patológico que no traerá nada bueno a ninguno de los involucrados, sino todo lo contrario. Imaginemos por un momento la presión que siente un hijo (de cualquier edad) cuando cree que de su "buen desempeño" depende la estabilidad y la felicidad del matrimonio de sus padres.

Si los padres de Luis terminan divorciándose, él asumirá que es porque no limpió bien su cuarto o no lavó su ropa por dos semanas. Si esa niña de ocho años algún día no puede sacar un diez de calificación, sentirá una gran angustia porque creerá que cualquier problema entre sus padres, o una nueva decisión de divorciarse, será su culpa. Incluso si sacara puros dieces como ofreció, el inminente divorcio está flotando en el aire y tarde o temprano puede consolidarse, haciéndola sentir que "algo le faltó", que "no lo hizo del todo bien", que si además de dieces hubiera sacado mención honorífica, las cosas hubieran sido diferentes.

El adolescente que ofreció algo tan injusto para él como NUNCA más ir a un antro sentirá la misma angustia si las cosas entre sus padres no mejoran, si alguno de ellos no quiere ir a terapia de pareja o si ésta, lejos de mantenerlos juntos, les sirve para clarificar más su decisión de divorciarse y hacerlo de la mejor manera. Entonces se sentirá incapaz, ineficiente, como que no hizo lo necesario y debió ofrecer más.

El joven que sugirió que le llamaran para solucionarles los problemas sufrirá la angustia terrible y la impotencia que todos experimentamos cuando nos echamos a cuestas la carga de resolverle la vida a alguien, cuando creemos que tenemos el poder de cambiar a otros y nos colgamos la mochila que a ellos corresponde llevar.

Ante esa clase de ofrecimientos como los mencionados los padres SIEMPRE deben ser amorosos, pero claros y determinantes en su respuesta, como sugiero a continuación en la *propuesta clave*. Porque la verdad es ésta: los hijos no pueden, no deben, no les corresponde solucionar los problemas entre sus padres ni intervenir en sus decisiones de pareja, sean las que fueren.

Propuesta clave

Hija/o, los problemas que tenemos entre nosotros tú no los causaste y tampoco es tu responsabilidad solucionarlos. Nada de lo que tú hagas o dejes de hacer va a transformar las cosas entre nosotros. Ni tú ni nadie puede cambiarnos y sólo nosotros somos responsables por nuestros problemas y por nuestra decisión de divorciarnos.

A veces no son los hijos quienes se echan encima la responsabilidad de mantener a los padres juntos y felices; es la familia la que se las adjudica. Y existen muchos casos extremos como el siguiente:

En una ocasión me llevaron a terapia a una niña de 10 años que desde hacía unas tres semanas había padecido fuertes miedos, falta de apetito, tristeza extrema, pesadillas y terrores nocturnos. Parecía un cuadro generalizado de angustia iniciado casi de la noche a la mañana. Después de un profundo análisis llegamos a lo que indudablemente parecía ser la causa. Resulta que alrededor de un mes atrás sus padres le habían comunicado que se divorciarían. La noticia en sí misma no fue novedad para ella, porque ya se venía hablando del asunto desde hacía más de un año. Lo que la trastornó emocionalmente fue que su abuela materna —una mujer muy religiosa— la llevó a su casa y en secreto le dijo que ella podría hacer que sus padres no se divorciaran, porque si lo hacían ese pecado caería no sólo en el "estado de cuenta" de sus padres, sino en el de ella y el de sus dos hermanos menores. Entonces, para evitarlo y lograr que se mantuvieran juntos, ella debía ser muy amorosa —más que nunca antes— y ayudarlos en todo, obedecerles en todo y portarse muy bien. Así, de seguro no se divorciarían.

La tremenda carga que esto significó para la niña casi la "truena" emocionalmente. No hacen falta palabras para explicar el porqué.

Es un hecho innegable: cuando los padres no son claros con sus hijos respecto del hecho de que ellos no tienen la culpa por sus problemas de pareja ni la responsabilidad de remediarlos; cuando por el contrario aceptan sus "trueques" o, peor aún, ellos mismos les adjudican la responsabilidad por el divorcio o por la solución de sus problemas, se les afecta emocionalmente... ¡mucho!... ¡para el resto de su vida!

2

Las diversas reacciones de los hijos ante el divorcio

LA FANTASÍA DE QUE SUS PADRES SE RECONCILIEN

Invariablemente los hijos guardan por un tiempo la fantasía de que sus padres regresen a vivir juntos. Cada vez que éstos conversan por teléfono o salen a cenar o a tomar un café para tratar su situación o hacer acuerdos sobre cualquier asunto, los niños alimentan la esperanza de una reconciliación. Sobra decir que cada vez que vuelven a la cruda realidad de que su relación acabó, sufren un nuevo desengaño.

Los padres deben ser muy cuidadosos de no alimentar esa fantasía y, en cambio, dejar bien claro –cada que sea necesario– que su vínculo terminó, que no van a volver. Algunos padres, por ejemplo, cometen el error de seguir durmiendo juntos de vez en cuando, en la casa de sus hijos, lo cual resulta tormentosamente confuso para ellos.

Es cierto que por muchas razones la gran mayoría de las parejas en trámite de divorcio sigue teniendo relaciones sexuales durante algún tiempo, que varía en cada circunstancia. Esto tiene que ver, en mi opinión, con la necesidad que todos tenemos de "cerrar" ese capítulo de nuestra vida, lo cual, por lo general, es un proceso pausado y no un cambio radical que se da de la noche a la mañana. No obstante, es muy importante que quienes estén en esa circunstancia no tengan sus encuentros sexuales en casa con sus hijos presentes, ni se queden a dormir juntos porque resultará más complicado para ellos entender que esa separación es de a de veras y les generará una angustiante confusión.

Insisto: no alimenten la fantasía de que regresarán, no den a sus hijos la impresión de que han cambiado de opinión porque se quedan a dormir juntos. Los hijos requieren mucha claridad y acciones congruentes con lo que se les dice. Si no es así, experimentan el tormento de la duda, la incertidumbre y la falsa esperanza.

Muchos hijos expresan abiertamente esa fantasía con diversas reacciones no verbales o afirmando ciertas cosas cuando ven juntos a sus padres. Por ejemplo, toman la mano de cada uno de ellos y las unen, o externan comentarios que reflejan su esperanza de que regresen. Ante esas actitudes los padres deberán –amorosa y delicadamente– ubicar a sus hijos en la realidad, que aunque dolorosa y cruda es menos perjudicial que sus constantes decepciones cada vez que alimentan el deseo de que "tal vez hoy, tal vez mañana, tal vez en su cumpleaños, tal vez en Navidad…" sus padres vivirán de nuevo juntos. Así también, algunas acciones de los padres, como el hecho de que se den un abrazo o se compren un regalo de cumpleaños, pueden ser interpretadas como señales de que se han reconciliado y ya no se divorciarán.

Esto no significa que nunca deben otorgarse muestras de afecto, sino que hay que estar conscientes de que durante los primeros meses de la separación es posible que esto sea malinterpretado como una reconciliación, y de acuerdo con las circunstancias hacer las aclaraciones pertinentes cuando sea necesario.

Claridad en las palabras y congruencia entre lo que dicen y hacen ayudará a sus hijos a aceptar la realidad del divorcio. Una adolescente de 14 años me comentó que después de un tiempo de "sí y no" entre sus padres respecto de divorciarse, después del ir y venir de su padre entre su nuevo departamento y su casa finalmente un día iniciaron el proceso legal de divorcio. El momento en que terminó, la joven experimentó una gran tristeza; pero en otro sentido, permaneció serena y se sintió liberada de la tormentosa incertidumbre. Las expectativas y las falsas esperanzas lastiman y causan confusión. La aceptación libera.

Propuesta clave

Tu papá/mamá y yo ya no volveremos a vivir juntos. Sólo salimos a cenar porque teníamos que ponernos de acuerdo en ciertas cosas.

Sólo nos dimos un abrazo para despedirnos.

En algunos casos los hijos, atrapados por la fantasía de que sus padres vuelvan, adoptan ciertos comportamientos como mentir. Éste fue el caso de un adolescente que se tomó tan en serio ese anhelo que casi a diario le entregaba alguna flor o regalito a su mamá y le decía que su papá se la mandaba.

Nunca hay que regañar o castigar a los hijos por conductas como ésta, simplemente explicarles, como ya he comentado, que no volveremos a vivir juntos, que no es su culpa que nos hayamos separado y que no es su responsabilidad unirnos de nueva cuenta.

LOS INTENTOS DE TOMAR EL LUGAR DE LA PAREJA QUE SE HA IDO

Prácticamente en todos los casos de divorcio, uno o varios de los hijos intentarán tomar el lugar del padre o el de la madre que se ha ido de casa. A veces es el menor y otras el mayor o alguno de los intermedios. En ocasiones será la hija o en otras el varón, lo cual dependerá de un sinnúmero de circunstancias relativas al tipo de rol que cada uno de ellos ha desempeñado en la dinámica familiar, así como de su personalidad. En familias con hijos únicos también se presentará el mismo escenario.

El hijo que intenta ser "sustituto" de la pareja tomará decisiones como "mudarse" a la recámara, utilizar el baño y el clóset de mamá (o papá), ocupar en la mesa el lugar del padre o la madre que se ha ido, el asiento de "copiloto" en el coche, o adoptará actitudes como regañar a mamá o a papá porque sale, porque habla por teléfono, por la manera en que se viste, indicarle cómo educar a sus hermanos, o peor aun, intentar educarlos.

En otras palabras, el hijo o la hija pretende volverse el padre/madre de sus propios hermanos e incluso de sus padres, y el sustituto de pareja de la madre o padre con quien vive y no tiene pareja.

En terapia familiar, a este comportamiento se le llama *rol de hijo parental*. Es un fenómeno que sucede de manera inconsciente y siempre se presenta en situaciones de divorcio, pero se acentúa cuando la madre o el padre con quien los hijos se han quedado a vivir es una persona débil, dependiente e inmadura, o con conflictos emocionales como depresiones, miedos, ansiedades, etc. Asimismo, el buen manejo de los padres sobre este asunto –como propongo más adelante– ayudará a quien asume el rol de hijo parental a superar de manera fácil esa tendencia sumamente desgastante.

Cuando yo estaba en mi proceso de divorcio, mi hijo empezó a mostrar claros intentos de tomar este rol. Comenzó por cambiar su cepillo de dientes a mi baño y en un abrir y cerrar de ojos, la parte de mi clóset que había quedado vacía cuando su papá terminó de sacar sus cosas, estaba ocupada con su ropa. Ese mismo día, él y su hermana "decidieron" que se turnarían para dormir conmigo una noche cada uno.

Yo, con todo el amor y la dulzura, pero también con la firmeza que fui capaz de expresar, le dije a mi hijo que se llevara su cepillo de dientes y su ropa a su propio baño y clóset, que ese era el baño y closet de su mamá y los hijos tenían el suyo propio. También le dije a ambos, que ellos seguirían durmiendo en su cama como siempre; que el lugar que ahora estaba vacío en mi cama, así se quedaría, porque ése no era el lugar para los hijos, sino para la pareja, y si yo ya no tenía pareja, entonces el lugar debería estar vacío.

También en la mesa del comedor los insté a quedarse en el lugar que ocupaban antes de que su papá se fuera de casa.

Podría parecer que estas reacciones y sus respectivas medidas fueran insignificantes e irrelevantes, pero no lo son en absoluto; por el contrario, resultan importantísimas. Veamos por qué.

En la psicoterapia familiar sistémica se le llama *geografía de la familia* al lugar físico que cada uno de sus miembros ocupa en sus diferentes actividades cotidianas y contextos. Por ejemplo, en la mesa a la hora de los alimentos, en el coche, en la sala de televisión, o hasta en la cama. La *geografía de la familia* muestra de manera clara e inequívoca profundos aspectos de la misma, como sus conflictos, sus alianzas, sus coaliciones, sus dinámicas patológicas y también las sanas. Haciendo ajustes en la *geografía de la familia* se "mueven" dichas dinámicas que provocan interesantes y saludables cambios en ellas. Cuando una familia llega a una consulta de psicoterapia, los terapeutas podemos obtener de ésta valiosísima y profunda información, con sólo observar la manera en que se acomodan espontánea y libremente en los sillones del consultorio. Esto por cierto a mí siempre me ha parecido ¡fascinante!

En la situación de divorcio, como lo he comentado, los hijos tenderán inconscientemente a modificar la GEOGRAFÍA, ocupando el lugar físico del padre o la madre que ya no vive en casa. Cuando no se cuida esta GEOGRAFÍA y se le permite al hijo tomar el lugar físico del padre o la madre ausente, se le manda el mensaje de que, en efecto, le es permitido ocupar ese lugar en el sentido más amplio de la expresión; se le refuerza la creencia de que ahora él/ella es el sustituto del padre/madre, y entonces se establecerá el rol de "hijo parental".

Existen muchas formas en las que el hijo parental toma, o intenta tomar, el lugar del padre o la madre ausente: regañan y aconsejan a padres y hermanos, sienten que es su responsabilidad decidir sobre diversos asuntos o que a ellos les corresponde encontrar soluciones a los problemas que se presentan en el hogar y en la vida de los demás miembros de la familia.

Recuerdo que al finalizar un curso, una señora divorciada me comentó: "Ay, ya me voy, porque mi hijo me va a poner una buena regañada si me tardo más". Ese hijo, de 12 años, llevaba –como es obvio– la pesada carga de ser el marido y papá de su madre. Y un padre y marido bastante severo, por cierto.

Otra mujer me contó que su hija le "supervisaba" su ropa, sus amigas, el tiempo que duraba hablando por teléfono, y prácticamente todo lo que hacía o decía. "Me siento vigilada todo el tiempo", dijo la madre. Y no sólo la vigilaba, sino que con frecuencia la regañaba y se enojaba cuando no "obedecía" sus deseos y sus "órdenes".

Un padre invertía largos minutos de cada día explicando a su confrontadora hija adolescente la razón por la que le daba o no le daba permiso de salir a sus hermanos, así como sobre la manera en que les llamaba la atención o manejaba todo tipo de situaciones con ellos.

Cuando un hijo parental toma actitudes como esas, o cualquiera de las mencionadas en párrafos anteriores, los padres deben, amorosa pero firmemente, ponerlo en su lugar de hijo, tal como lo propongo abajo, en las *propuestas clave*. Reforzar la situación al permitirle que los regañe o aconseje, sin decirle nada u "obedeciéndole" a lo que manda, les envía el mensaje de que en efecto, son padres de sus hermanos, de sus padres y pareja de los mismos. De esta manera se impone sobre sus espaldas una pesada carga que no sólo los abruma, sino que también genera patrones de relación que afectarán el resto de su vida. El hijo parental no sólo vive abrumado por la pesada carga de ser papá de sus hermanos, de sus padres y sustituto de pareja de uno de éstos, sino que experimenta además tormentosas culpas (por lo general inconscientes), porque sin duda alguna hará "mal" su rol, debido a que no tiene la capacidad. ¡Y no tiene por qué tenerla!, ya que no le corresponde ese lugar.

Por otra parte, el hijo parental generalmente tendrá dificultades para relacionarse con una pareja, puesto que ya tiene una: su propio padre o su madre, que se ha quedado solo/a, y a quien tiene que cuidar y acompañar. Por tal razón es muy común encontrar hijos parentales –de cualquier edad– solteros, o tal vez casados, pero con importantes conflictos con su cónyuge y consigo mismos, porque viven divididos entre su nueva familia (cónyuges e hijos) y sus "parejas" (madres o padres). La vida de los hijos parentales de todas las edades está llena de estrés, resentimiento, agobio y confusión, y experimentan un constante y desgastante conflicto interno entre la parte de su ser que les grita que las responsabilidades que tienen no les corresponden, y la de su ser que siente culpa por querer abandonarlas.

Otro aspecto de la vida cotidiana que contribuye a reforzar el rol de hijo parental, es permitir que duerma en la cama con mamá o papá (o con ambos). Al hacer esto, se le lleva del nivel de hijo al de autoridad de la casa. A mí nunca me ha extrañado que los hijos que duermen con sus padres presenten una gran dificultad para respetar las reglas y la autoridad. Si duermen en la cama de las figuras de autoridad, ¡ellos mismos son la autoridad!

El hecho de que los hijos duerman con sus padres tiene significados y repercusiones sumamente profundas y amplias, tratadas por un sinnúmero de investigadores y autores. No obstante, en este apartado sólo estoy enfocando el hecho a la situación que nos ocupa en el presente capítulo.

Los niños pequeños también toman el rol de hijo parental. No es necesario quebrarnos la cabeza para entender la carga que ello les significa y las repercusiones de ésta en su vida emocional. Un niño de cuatro años tenía graves problemas para dormir. Al aplicarle un test proyectivo[1] los resultados proporcionaron valiosa información que luego cotejé con los hechos de su vida cotidiana. Resulta que sus padres le dijeron –muchos cometen este garrafal error– que ahora que papá no vivía con ellos él era el hombre de la casa y debía cuidar a su *mami* (como si *mami* fuera una bebé o una retrasada mental que no se pudiera cuidar a sí misma y a sus hijos, como es debido). El niño, pues, se pasaba largas horas de la noche sin poder conciliar el sueño, pensando en que si entraba un ratero tendría que hacerle frente, lo cual lo llenaba de pánico. Se imaginaba la escena una y otra vez en la que corría a la cocina por un cuchillo, peleaba con él, y luego llamaba a la policía. O tal vez mejor primero llamar a la policía y mientras llegaban él luchaba con el ladrón, etcétera.

Tu hija/o no es, no lo fue y no lo será, el hombre ni la mujer de la casa. Es de vital importancia que no les digas que lo son. Tu hija/o de cualquier edad es y será siempre TU HIJO O TU HIJA. Nunca tu padre, nunca tu madre, nunca tu pareja, nunca el hombre de la casa, nunca la mujer de la casa.

Propuestas clave

Yo soy la mamá/papá y tú eres el hijo/a; tú no me tienes que dar permiso, regañar o decirme qué hacer. Yo soy

---

[1] Los test o pruebas proyectivas hacen aflorar material inconsciente que proporciona valiosa información sobre el paciente, como conflictos, necesidades, motivaciones, mecanismos de defensa, etcétera.

quien te va a decir a ti qué hacer o a darte los permisos, no tú a mí.

Tú no te preocupes por la educación de tus hermanos. Ese asunto nos corresponde sólo a tu madre/padre y a mí, y nosotros somos los únicos que vamos a decidir cómo educarte a ti y a tus hermanos.

Tú eres el hijo/a y yo soy tu mamá/papá. Yo soy quien te va a cuidar a ti, no tú a mí.

REACCIONAR COMO SI NO PASARA NADA

Algunos niños presentan una reacción que puede confundir a los padres y hacerles creer que "no pasa nada". Es el caso del hijo de una pareja de amigos míos. Cuando le explicaron amplia y claramente a su niño de ocho años que se iban a separar, éste dijo simplemente: "Bueno, está bien", se dio la media vuelta y regresó a la sala a seguir jugando. Los padres creyeron que lo había tomado muy bien y que su decisión no le afectaba en lo absoluto. De hecho, por algunos días lo "presumían" ante otros amigos y afirmaban que la razón de esa actitud era que el niño estaba emocionalmente muy sano.

Yo les comenté que mejor estuvieran alerta a cualquier cambio en el comportamiento del niño, quien no tardó en presentarlo a través de ansiedad cuando su mamá no estaba literalmente pegada a él y necesitaba la compañía de alguien sentado en su cama para quedarse dormido, pues tenía miedo. Esto no le sucedía antes del anuncio del divorcio y era su modo de manifestar los sentimientos que le provocaba, ya que no lo pudo hacer de manera directa.

Aunque muchas veces los hijos manifiestan sus sentimientos directa y abiertamente, en otras ocasiones lo hacen de forma indirecta mediante cambios en sus comportamientos.

SIGNOS QUE DEBEMOS TOMAR EN CUENTA

Éstos son algunos signos y síntomas que los hijos pueden presentar cuando no han podido expresar sus sentimientos directamente:

- Agresividad.
- Cambios de comportamiento en la escuela que antes no presentaban y que con frecuencia son causa de reportes como malas calificaciones, falta de atención, conflictos con sus compañeros, falta de respeto a los maestros, aislamiento, etcétera.
- Insomnio o hipersomnio.
- Pesadillas y/o terrores nocturnos.
- Aparición de miedos que antes no tenían.
- Pérdida del apetito o apetito exagerado.
- Angustia de separación: necesidad exagerada de estar junto a uno de sus padres o ambos, y angustia si no es así.
- Aislarse y perder interés en socializar y jugar.
- Conductas regresivas: volverse a orinar en los pantalones, hablar chiqueado, querer que les den de comer en la boca, etcétera.
- Aparición de comportamientos insanos en general que no presentaban antes del anuncio del divorcio o de la separación.

Cuando durante el proceso de divorcio los padres no-tamos cambios en la conducta de nuestros hijos (que con frecuencia es la forma en que encubren sus sentimientos) hay que motivarlos a que expresen lo que piensan y sienten. Hay que preguntarles sin rodeos cómo se sienten respecto al hecho de que nos hayamos separado, cuáles son sus dudas y miedos al futuro o a cualquier otra situación. Si no quieren hablar, está bien, no hay que presionarlos, pero sí dejarles bien claro que cuando deseen hacerlo, estamos dispuestos a escucharlos y de ninguna manera recibirán un regaño o crítica por ello.

Más adelante hablaré sobre la forma en que podemos ayudar a nuestros hijos a procesar y sanar sus sentimientos. Estas herramientas serán útiles no sólo para los hijos de padres divorciados, sino para todos aquellos que por cual-quier razón pasan por una situación que les ha generado un desequilibrio emocional.

Propuesta clave

Hija/o, es normal que sientas lo que sientes, no está mal que estés enojada/o o triste o que tengas miedo. Puedes hablarme de eso y de todo lo que quieras, cuando lo ne-cesites; puedes llorar cuando necesites hacerlo. No te va-mos a criticar ni a regañar. Algún día tu tristeza, tu mie-do y tu enojo van a pasar y te vas a sentir contenta/o y tranquila/o.

3

La nueva pareja...
cuándo y cómo

Es una realidad común y frecuente, que la razón por la que muchas parejas se divorcian es la infidelidad de uno de los cónyuges, quien ha sostenido una relación extramatrimonial (o varias) por cierta cantidad de tiempo, hasta que un día la verdad –que no soporta estar oculta– surge a la luz del día y truena la bomba... Tarde o temprano explota, quedando expuesto el secreto; esparciendo su hedor de dolor y traición encima de todos los involucrados. Entre esos involucrados están los hijos, que experimentan una gran confusión y afectación por una situación como ésta.

Independientemente de mi total rechazo y desaprobación hacia la infidelidad, están los hechos: secretos, mentiras, estrés, ansiedad, traición y dolor es lo que siempre la acompaña. Cuando por esta causa se produjo tu divorcio es muy, pero muy importante que lleves a tus hijos a recibir ayuda profesional para superar esta fuerte, confusa y dañina experiencia, que de otra manera les podría perjudicar por el resto de su vida. El apoyo especializado les proporcionará grandes beneficios; si bien posiblemente no cure el daño al cien por ciento, por lo menos sí lo hará en un buen nivel y evitará que arruine la vida emocional y de pareja de nuestros hijos.

En este capítulo, aclaro, trataré exclusivamente la situación de cuando comenzamos una nueva relación de pareja después del divorcio. Las recomendaciones que iré ofreciendo se refieren específicamente a ello. Éstas son aplicables al modelo en el que la pareja no vive junta. En el capítulo siguiente hablaré de la relación con la nueva pareja, cuando ha habido segundas nupcias.

Todos los seres humanos podemos tener una pareja, si así lo deseamos.

Por diferentes razones (personales, culturales o religiosas), muchas personas divorciadas se niegan a sí mismas el derecho de tener una nueva relación de pareja; otras se lo permiten. Esto no es cuestionable ni enjuiciable. Cada quien debe ser fiel a sus creencias y convicciones, y hacer lo que funcione en su vida.

Para las personas divorciadas que deciden darse esa oportunidad existen importantes aspectos que deben tener en cuenta cuando se trate el asunto con los hijos.

En primer lugar quiero dejar muy claro que todas las recomendaciones que haré en este capítulo, respecto al tema de la nueva pareja, son aplicables a la situación de una relación formal y de compromiso. Algunas personas divorciadas salen con varias personas antes de formalizar una relación. Eso es asunto de cada quien, pero jamás es recomendable que involucres a tus hijos en cada una de esas relaciones o les estés presentando a una y otra persona, porque los meterás en un estado de confusión muy difícil de manejar y asimilar. Recuerda que tus hijos están viviendo una situación difícil por el divorcio y hay que tener la delicadeza de "complicarles" la vida lo menos posible.

Asimismo, cuando se es niño o joven, es difícil entender que alguien pueda tener relaciones con varias personas, y aún mucho más difícil será comprenderlo, cuando esa persona es su padre o su madre.

Así pues, cuando luego de tu divorcio has decidido formalizar otra relación, el tiempo ideal para introducir a la nueva pareja a tus hijos es mínimo un año después. La razón es muy simple: antes de ese tiempo tus hijos se encuentran sumergidos en medio de su proceso de duelo por el divorcio. Agregar el "trabajo" de asimilar que papá o mamá tiene nueva pareja les hace mucho más problemática la consumación y el cierre de dicho duelo. Es necesario entender que los procesos de duelo son eso, y como tales no terminan de la noche a la mañana. Se requiere tiempo y "un ganchito" para cerrarlos exitosamente.

Muchos padres y madres cometen el error de no sólo tener nueva pareja casi de inmediato (o desde antes del divorcio), sino de tratar de integrarla en las actividades de sus hijos y hasta esperar o "exigir" que estén felices con la idea, y "adoren" a su nuevo acompañante, y si esto no sucede, se enojan con ellos. Y aún peor, algunos padres y madres desean que sus hijos consideren a su pareja en turno como "su mamá o su papá" y le llamen así, provocando un gran conflicto interno en ellos, porque ya tienen un padre y una madre a los que aman. Ser inducidos a suplantar su lugar con otra persona les duele profundamente y los hace sentir que traicionan a los de verdad. Es ridículo y cruel esperar todo esto de nuestros hijos. Ellos simplemente no pueden cumplir con esas expectativas.

De por sí la persona divorciada necesita tiempo para procesar su propio duelo y todos los sentimientos que origina (culpa, enojo, dolor, etc.); tiempo para aprender lo que esta experiencia le trae y para hacer todo lo posible para cerrar ese capítulo antes de abrir otro. Eso sería lo ideal. No obstante, como adulto, la persona divorciada puede hacer lo que le venga en gana en relación con el tema de la nueva pareja, y tenerla cuando y como lo desee, pero por favor no la involucres en la vida de tus hijos antes de un año. Aquí yo estoy hablando por ellos, que no pueden procesar este asunto hasta que el tiempo sea el adecuado. Tratar de integrarlos con una nueva pareja a destiempo me parece hasta cruel.

Una pareja se divorció. A los tres meses el papá llevó a cenar a su hija de 13 años y a su nueva novia para que se conocieran. La chica estuvo seria durante toda la velada, la incomodidad se le notaba hasta al respirar y sólo hablaba para responder con monosílabos a las preguntas que le hacía su papá o su acompañante. Al final de la cena esta última le dijo "indignada" que no le iba a rogar para que se llevaran bien, que sólo quería hacer feliz a su padre, pero no podría hacerlo si ella no cambiaba su actitud.

¡A veces me impresiona lo tontos que somos! En primer lugar, es normal que la adolescente tuviera esa actitud (tres meses de divorcio) y no sólo la hicieron sentir mala y culpable por ello, sino responsable de que la mujer pudiera hacer feliz a su papá, como si eso dependiera de la hija y no de la capacidad de la tonta novia para conseguirlo. De tal manera que si esa relación no prosperaba y se terminaba, la hija se iba a sentir culpable porque, "por su actitud", la mujer no pudo lograr una vida placentera con su papá... ¡Por Dios!... ¡Es sentido común!

Cuando ya ha llegado el momento, es importante la forma en que se les habla a los hijos del tema y se les presenta a la nueva pareja. Hay que aclararles que no es el sustituto de papá o mamá, sino sólo pareja. Nunca hay que forzarlos a querer a la persona, ya se dará el momento o tal vez no, esto dependerá de muchos factores. No obstante, es un hecho que pueden llegar a sentir cariño, respeto y disfrutar de su compañía.

Es también un gran error el prohibirles que aprecien o hasta quieran a la nueva pareja de mamá o papá. Éstos pueden estar muy enojados o celosos, pero no deben cargar estos sentimientos sobre sus hijos y convertirlos en "aliados" de su veneno y sus planes de venganza ni nada por el estilo. Ni siquiera es recomendable que hablen mal de la nueva pareja de su ex, frente a sus hijos. Se necesita sin duda ser maduro, y sobre todo mostrar un verdadero interés en el bienestar de ellos, para tener actitudes adultas como éstas.

Cuando mi ex esposo inició una relación formal con su actual esposa y se la presentó a nuestros hijos, comenzaron a salir a restaurantes y a diversos lugares. Yo decidí, por el bien de ellos, decirles: "Hijos, tienen todo mi permiso para querer a...[1] y pasarla muy bien cuando estén con ella". Hacer eso los libera de la angustia que puedan experimentar cuando la empatía con la nueva pareja de su mamá o de su papá signifique entrar en conflicto con el otro (padre o madre), que se sentirá traicionado, y por consiguiente los hijos se sentirán traidores. Ellos tienen derecho a sentir aprecio por la nueva pareja de su madre o de su padre, y esto no significa que ya no nos amarán o que el lugar que ocupamos en su vida y en su corazón será usurpado por otra persona.

No es un mito, sino una realidad, la posibilidad de llevarnos bien y hasta sentir aprecio por la nueva pareja de nuestra/o ex. En mi caso siento un gran respeto y genuino cariño por la esposa de mi ex marido y sé que ella siente lo

---

[1] He omitido el nombre de la persona por respeto a su intimidad.

mismo hacia mí. En realidad ella lo ha hecho fácil, porque es una buena mujer que siempre ha sido amable y amorosa con mis hijos, y siempre ha respetado mi lugar, tal como yo he respetado el suyo. Esta relación "decente, madura y digna" entre uno mismo y la nueva pareja hace las cosas más fáciles para nuestros hijos. Pero se necesita madurez y mucho amor por ellos para lograrlo.

CUANDO LA NUEVA PAREJA NO LES AGRADA A LOS HIJOS

Es posible, normal y común que esto suceda, y aunque en la mayoría de las ocasiones se debe a que los hijos se sienten presionados por uno de sus padres a percibir de esa manera –a veces directa y a veces "subliminalmente"–, en otras la causa es que los diferentes tipos de personalidad simplemente no se avienen.

En ambos casos jamás hay que obligar a los hijos (de cualquier edad) a querer a la nueva pareja, ni a convivir con él/ella. Hacerlo resultará contraproducente en todos los aspectos. Nuestros hijos, como todo ser humano, están en su derecho de sentir libremente y querer lo que deseen, y es imposible forzarlos en ese sentido. El manejo adecuado de una situación como ésta evitará conflictos y traerá como resultado paz entre todos los involucrados.

Propuesta clave

Entiendo que x no te cae bien y no quieres convivir con él/ella. Estás en todo tu derecho y si no lo deseas no te voy a obligar. Pero es mi pareja y yo sí voy a pasar tiempo con él/ella. Nunca nadie te quitará el amor que siento por ti. El lugar que tienes en mi vida y en mi corazón nadie lo va a ocupar jamás. Tú siempre serás mi hija/o amada/o.

En diversos momentos el rechazo a la nueva pareja alcanza niveles extremos que el o los hijos que lo sienten toman actitudes groseras, abusivas e inaceptablemente irrespetuosas hacia dicha persona.

En el caso de una familia, la nueva novia del papá era una maestra de primaria. En cierta ocasión, invitaron a los hijos (de siete y nueve años) a la casa de ella para que conocieran a un cachorrito que acababa de comprar. Ahí, uno de los niños vio que sobre una mesa se encontraba una pila de trabajos de los alumnos y de inmediato le comunicó a su hermano su "macabro" plan. Cuando el padre y la maestra se distrajeron vaciaron encima una taza de té a medio tomar que se encontraba por ahí, y culparon al perrito por la travesura. Sobra decir que esto afectó el desempeño y la imagen profesional de la maestra, además de hacerla pasar un muy mal rato.

Otro joven adolescente rasgó con una llave el descansabrazos de piel del coche del novio de su mamá, en el que se transportaban.

Estos comportamientos, aunque son comprensibles, nunca deben ser permitidos. Aun cuando la pareja de nuestro/a ex nos caiga mal, debemos corregir a nuestros hijos por actitudes como aquéllas y de ninguna manera aliarnos o "festejárselos", como hizo el padre del adolescente al enterarse de que su hijo dañó el coche del novio de su mamá. Puede que esa conducta satisfaga los celos y los deseos de venganza del papá, pero por el bien de su hijo no debe tomarlo a la ligera ni aliarse o solaparlo, porque entonces los hijos se vuelven perversos, groseros, vengativos y extenderán esa actitud destructiva hacia otros ámbitos de su vida y de su personalidad. ¿Eso es lo que deseas para tus hijos? Y esto no acaba aquí, porque en algún lugar y momento se toparán con alguien que no les tolere sus abusos y groserías y los haga pagar por sus "gracias"; cuando tienen que enfrentar las consecuencias de actos como ésos, las cosas se tornan dolorosas y feas.

Propuesta clave

Hija/o entiendo que x no te cae bien, estás en tu derecho de sentir lo que sientes, pero por ningún motivo voy a permitir que le hagas cosas como la que hiciste. Eso no se lo debes hacer a ninguna persona. Si vuelve a suceder la consecuencia va a ser ésta... Y ésta es la manera en que vas a reparar lo que hiciste...

Más adelante ofrezco algunas herramientas para ayudar a tus hijos a procesar y sanar sus sentimientos de enojo, entre otros, por todos los asuntos relativos al divorcio.

EL TIEMPO PARA TUS HIJOS...
ES DE TUS HIJOS

Siempre respeta –como el compromiso sagrado que es– el tiempo que tienes destinado para tus hijos. No les "robes" los momentos que les corresponde para dárselos a tu nueva pareja, ni los juntes siempre con él/ella. Es de suma importancia seguir pasando tiempo exclusivamente con ellos, sin que tengan que "compartir" a papá o mamá con alguien más. En muchos casos el padre que ha iniciado una nueva relación quiere incluir a su pareja en todos los momentos y las actividades que lleva a cabo con sus hijos y esto no es conveniente en absoluto. Siempre debe haber tiempo y espacio que compartamos sólo con nuestros hijos sin que esté presente la nueva pareja. Ellos necesitan tiempo con cada uno de sus padres y nadie más. Tiempo para contarles sus cosas, para hacer las bromas de familia de siempre, para jugar, para ver televisión en pijama.

Un padre de ésos que involucran a su nueva pareja en todas las actividades con sus hijos, de veras que se pasó de la raya cuando, para el cumpleaños de uno de ellos, les ofreció que tomarían un paquete de cuatro días para ir a Disneylandia. Los dos hijos estaban que daban brincos de alegría cuando se los dijo, y no les calentaba ni el sol de la emoción. Unos días después el papá decidió –como siempre– que llevaría a su novia. Desde ahí ya les echó a perder el asunto, pero lo peor estaba por llegar. La mujer no tenía visa y su solicitud para obtenerla fue rechazada. Entonces, el papá canceló el viaje porque ella no podía ir. ¡Esto fue un gran error!, que empezó desde el momento en que la quiso involucrar en lo que pudo haber sido para los niños el viaje de sus sueños; una experiencia con su papá que recordarían toda la vida y que les habría hecho un gran bien en su desarrollo psicológico, pero terminó siendo una pesadilla de desilusión, frustración y tristeza, por las pésimas decisiones tomadas por el padre.

Insisto: asigna un tiempo exclusivo para tus hijos de acuerdo con tu rutina, tus ocupaciones, tu tiempo libre, etc. Si tu nueva pareja se molesta por esto, mejor piénsalo dos veces. Si no puede entender y respetar el hecho de que tienes hijos y que deseas respetar y honrar el derecho que ellos tienen de convivir contigo, así como tu amor por ellos que te mueve a querer verlos y estar juntos, entonces no es una buena pareja. Y más aún, si desde el principio no entiende que al tomarte a ti toma el paquete completo, que conlleva la realidad de que tienes hijos, pues prepárate para batallar con este conflicto toda la vida... tú decides.

LA CONVIVENCIA ENTRE "TUS HIJOS Y MIS HIJOS"

Es común que tu nueva pareja tenga hijos, al igual que tú. La fantasía de todos los divorciados es que esos hijos se vuelvan amigos y se lleven muy bien. Y no le llamo *fantasía* porque no sea posible, sino porque es el sueño de todos o de casi todos.

Nadie dice que esto es fácil, pero así son las relaciones de cualquier tipo entre los seres humanos. No obstante, sí es posible llevar una convivencia agradable y respetuosa entre las personas, y por lo tanto, también entre tú y los hijos de tu pareja, tus hijos y tu pareja y los hijos de ambos. Para que esto sea factible es necesario ser realistas y que tengamos bien claro que se presentarán celos, competencia, envidias y todas las dinámicas que se dan entre los seres humanos. Esto no es anormal ni malo; lo importante es saber qué sucederá y aprender a manejar las cosas de una manera sana y madura; para lograrlo es importante que los padres nos comportemos con madurez. Nosotros somos los adultos, los líderes, la autoridad; por el bien de todos no hay que perderlo de vista.

No obstante, en la situación de divorcio en particular, a estas dinámicas que se dan de manera normal en todas las relaciones se les agrega un elemento extra que las hace un poco más complicadas, y es el hecho de que casi siempre al principio los hijos perciben a la pareja como un invasor entre ellos y su mamá/papá y hasta viene con hijos incluidos: ¡más intrusos!

Corresponde a nosotros apoyar a los niños y jóvenes que conforman nuestra familia y la de nuestra nueva pareja para que puedan lidiar con sus sentimientos, negociar y encontrar la manera de disfrutar estar juntos. Sin embargo, por más buen papel que hagamos y por bien que manejemos las cosas, es posible que sencillamente no se pueda: nuestros hijos no son del agrado de nuestra pareja o los hijos de ésta no nos caen bien a nosotros, o quizá los hijos de ambos no se gustan. Si esto sucede hay que respetar sus sentimientos y no forzarlos a quererse. Obligar a alguien a sentir algo o a querer a alguien simplemente no es sano. Tendremos entonces que buscar la manera de negociar tiempos y actividades que compartiremos con los unos y los otros, recordando siempre ser justos con todos en lo que les damos, pedimos, permitimos y prohibimos.

CUANDO LA NUEVA PAREJA ES CONFLICTIVA

Desafortunadamente esto puede suceder. La nueva pareja no trata bien a nuestros hijos o incluso es grosera e irrespetuosa, aun con todos nuestros intentos de "llevar la fiesta en paz" y ser amables. Casos como éste no tenemos por qué tolerarlos. Es la pareja de nuestra/o ex, pero eso no significa que nuestros hijos ni nosotros mismos seamos blanco de sus agresiones. Nuestra/o ex cónyuge está en su derecho de tener a esa persona como pareja, pero nuestros hijos no están obligados a convivir con alguien que no los trata bien. Así de simple.

Cuando esta situación se presente ambos padres deben acordar que sus hijos no pasen tiempo con dicha persona y ambos deben apoyar esa resolución –por el bien de ellos–, en lugar de enfrascarse en conflictos y discusiones al respecto.

CÓMO MANEJAR LOS CELOS DE LOS HIJOS POR LA NUEVA PAREJA

Recordemos que este sentimiento es normal durante más o menos el primer año desde que inicia la nueva relación. No obstante, hay casos en que ha pasado ya este ciclo y mucho más, y un hijo o todos siguen presentando una actitud de celos, a veces exagerados, por la nueva pareja del padre o de la madre.

Si bien esto puede darse en cualquiera de los hijos, es más frecuente en quien lleva el rol de hijo parental, que, como ya se explicó con anterioridad, inconscientemente se ha ubicado en el lugar de pareja de uno de los padres. Y cuando alguno comienza una relación, se sentirá traicionado. En este escenario no hay poder humano que logre que la nueva pareja le agrade. No importa lo amable y lo agradable que sea, simplemente no caerá en la gracia del hija/o.

Hace poco una amiga inició una relación con un hombre divorciado desde hacía cinco años. La hija/esposa (de 19 años) de dicho hombre simplemente no los dejaba en paz. Llamaba varias veces cuando salían para "regañar" a su papá: porque ya era tarde, porque había salido entre semana, porque estaba gastando dinero, etc. También lo interrogaba respecto del lugar donde estaba en ese momento, y cuando el padre le decía el nombre del restaurante le daba un buen sermón sobre la importancia del ahorro, porque ahí era muy caro. A veces llamaba justamente en medio de un momento íntimo y romántico que el hombre interrumpía para contestar la llamada. Y ante el interrogatorio de ella acerca de dónde se encontraba y qué estaba haciendo, él por supuesto mentía. "Pero como todas las esposas –me contó mi amiga–, no se la creía", y movida por sus fuertes sospechas lo seguía interrogando y confrontando hasta colgar el teléfono enojadísima cuando "infería" que el padre le había mentido. Mi amiga comentó que era impresionante el pánico que le tenía a su hija, que lo hacía sudar cada vez que llamaba.

Lamentablemente el hombre no quiso entender razones ni ponerle límites a su hija/esposa, cuando mi amiga le hizo ver la situación y lo insano que era que entrara en ese "juego". Esta persona fue incapaz de poner límites y perdió a una valiosísima mujer, porque mi amiga no aguantó más esa patológica dinámica y decidió terminar la relación.

Otra amiga me contó que su hijo veinteañero siempre la estaba regañando y reclamando cuando comenzó una nueva relación después de dos años de su divorcio. Le decía que debería terminar, que se dedicara a su trabajo y a su casa nada más, que para qué quería una pareja, que ya se olvidara de esas cosas, etc. Ella sabiamente le dijo: "De acuerdo, yo termino mi relación y me olvido de esas cosas, pero tú también terminas con tu novia y te quedas aquí conmigo para siempre... ¿Cómo ves? ¿Hacemos ese trato?" Nunca más volvió a molestarla.

Así, cuando un hijo/a está celoso/a por la nueva relación de su padre o de su madre, es de vital importancia respetar sus sentimientos e incluso ayudarle a procesarlos (en el capítulo 5 ofrezco alternativas al respecto), pero a la vez es muy importante dejar las cosas bien claras y poner los límites necesarios como previamente recomendé cuando hablé del hijo parental.

Propuesta clave

Hija/o, entiendo tu disgusto por que comience una nueva relación, pero de todas maneras la voy a tener. Tú tienes derecho a tener una pareja [cuando esté en edad suficiente] y cuando sea el momento te vas a ir de casa a hacer tu vida, lo cual es muy sano y bueno. Yo también tengo derecho a tener una pareja con quien compartir mi vida.

4

Segundas nupcias

Existe una variante en este asunto de la nueva pareja, y es cuando deciden casarse. Pareciera que de forma automática se echa a andar el estereotipo cultural negativo de "la madrastra", "el padrastro", "los hijastros" y "los hermanastros". Desde que somos pequeños aprendemos a través de los cuentos que la madrastra es mala y el padrastro también, y que ellos siempre quieren matar a los hijastros, hacerles un feo encantamiento o cualquier otro tipo de daño. Es bien sabido que los arquetipos[1] que se manejan en los cuentos determinan de manera inconsciente nuestra reacción ante los mismos, de forma tal que en el caso de la madrastra, el padrastro, los hermanastros y los hijastros, el primer impulso probablemente sea de rechazo entre sí.

El siguiente es un ejemplo de cómo los arquetipos influyen en nuestra vida:

En mi caso, mi ex suegra fue primero una gran amiga. A pesar de la diferencia de edades éramos muy cercanas;

---

[1] Un arquetipo es un patrón, un símbolo o modelo primitivo perteneciente al inconsciente colectivo. Son imágenes con intensa carga emocional. Los arquetipos se encuentran presentes en todos los tiempos y lugares: en los cuentos, las leyendas, los sueños y la mitología.

nos contábamos todo, nos entendíamos a la perfección y hablábamos el mismo idioma de la vida. La consideraba una de mis mejores amigas y ella igualmente a mí. Cuando por azares del destino nos convertimos en suegra y nuera comenzamos a tener desacuerdos y roces y a caernos mal la una a la otra. Yo le dije un día: "Ahora que hemos entrado al arquetipo suegra-nuera me parece que están sucediendo cosas en nuestra relación que a mí no me agradan". Le señalé que notaba una fuerte agresión pasiva de su parte y que yo estaba resentida por ello.

Por fortuna las dos tuvimos la madurez, la valentía y la disposición para hablar de todo lo que nos sucedía y negociar lo que consideramos necesario para adaptar nuestra relación al nivel en el que ahora se encontraba y seguir como buenas amigas... todavía lo somos.

Así pues, los arquetipos de madrastra, padrastro, hijastros y hermanastros muy probablemente ejercerán su fuerte influencia en quienes se encuentran en esa situación, y los conducirá en un primer impulso a sentir rechazo los unos hacia los otros, pero no tiene por qué permanecer así. La verdad es que en muchos casos, la madrastra y el padrastro se convierten en amigos que apoyan, guían y ayudan en los buenos y en los malos momentos de la vida. ¿De qué dependerá esto? Como siempre: de la madurez de los adultos para manejar las cosas de una manera sana y adecuada.

En la relación entre los hijastros insisto en que no debemos esperar que no haya conflictos o desacuerdos. Éstos se dan en todas las relaciones, y no se diga en una como ésta, en la que hay tanta carga emocional involucrada. Una herramienta que ayudará mucho a llevar una relación sana y armónica entre "tus hijos y mis hijos" es que los padres les enseñen a "negociar". Por supuesto, para poder hacerlo tendrán que ser capaces de negociar entre sí como pareja, y con sus hijos también.

Me parece muy útil ofrecerte a continuación una propuesta de negociación que he tomado del libro PET. *Padres eficaz y técnicamente preparados*, de Thomas Gordon, en el cual se proporciona una herramienta llamada *Método Nadie Pierde*.[2] Es aplicable a niños en edad escolar, a adolescentes y a adultos, por supuesto.

En primer lugar haz una lista de las "fuentes de conflicto" (por lo que pelean), ya que sobre eso se va a negociar.

Para que la negociación sea realmente efectiva es necesaria la firme disposición de no criticar o juzgar las ideas del otro, no intentar convencer sobre tu opinión y tener bien claro que no es una competencia. Cada uno está en todo su derecho de desear lo que quiere, aunque esto no significa que lo obtendrá.

Método Nadie Pierde

Paso 1. Cada uno de "tus hijos y mis hijos" que estén involucrados en el conflicto, expresan por escrito en una hoja de papel y de manera clara y concreta, cuáles son sus necesidades y/o deseos.

Por ejemplo:

---

[2] Thomas Gordon, PET. *Padres eficaz y técnicamente preparados*, Diana, México, 2000, pp. 113-120. He realizado algunas modificaciones a la propuesta original del autor.

- Que cuando estoy haciendo mi tarea no se ponga a jugar.
- Que me deje usar la computadora por más tiempo.
- Que no tome mis cosas sin pedírmelas.
- Que no se ponga a hablar por teléfono cuando estoy viendo la tele porque no me deja escuchar.
- Que cuando vienen mis amigos no ande husmeando.

Al leer cada uno la propuesta del otro es muy común que se sientan tentados a criticarla, a defenderse o a discutir. Recordemos la importancia de respetar las reglas:

- No criticar o juzgar las ideas del otro.
- No interrumpir y esperar tu turno para hablar.
- No intentar convencer sobre tu opinión.
- Tener bien claro que no es una competencia.

Paso 2. Cada uno expresa de manera abierta y clara sus razones para desear y proponer lo que ha planteado en el paso 1. Por ejemplo, la manera en que esa situación le afecta, cómo se siente al respecto, etcétera.

Paso 3. Una vez evaluada cada una de las propuestas hay que tomar las decisiones más convenientes, cediendo y ganando.

Paso 4. Anotar en una nueva hoja de papel esos acuerdos de manera específica, concreta y clara:

- Quién va a hacer qué.
- Desde cuándo.
- Por cuánto tiempo.

- Qué días.
- A qué hora.
- Cómo.

Por ejemplo:

- Cada uno usará la computadora por una hora. Fulanita de tal a tal hora, fulanito de tal, a tal, etcétera.
- Lunes y jueves le toca a fulanito elegir a qué jugar con el Wii; martes y viernes sutanito elige.
- Cada uno va a respetar las cosas del otro y no las tomará sin pedírselas a su dueño.
- Si alguien ve televisión, el que quiera hablar por teléfono se sale de la habitación.

Cada uno firma al calce. Firmar algo tiene un efecto positivo, nos hace sentir que es un compromiso serio (porque lo es) y nos ayuda a cumplirlo.

Paso 5. Verificar los resultados después de algún tiempo (tres o cuatro semanas):

- ¿Están funcionando las soluciones que elegimos?
- ¿En realidad estamos todos a gusto?
- ¿Están satisfaciendo las necesidades de todos?
- ¿Han cambiado las circunstancias de manera que ya no nos sirve esa solución?
- ¿Nos comprometimos demasiado y no podemos cumplir?

Paso 6. Si es necesario modificamos los acuerdos o continuamos con ellos si están funcionando.

Otro tema de vital importancia que hay que tener muy en cuenta para no contribuir en la creación de disputas entre "tus hijos y mis hijos" es la equidad. Los padres deben ser muy justos en la forma en que tratan a todos. Lo que le dan a uno le darán a los demás, lo que se prohíbe o permite para uno se prohíbe y permite para todos. De no hacer las cosas así y manejarse de manera arbitraria e injusta, sin duda alguna reforzará la rivalidad entre los hijos y creará pugnas innecesarias.

Los conflictos son parte de la vida y su manejo sano también lo debe ser.

5

Cómo ayudar a nuestros hijos a superar su duelo por el divorcio

Se le llama *duelo* al conjunto de estados emocionales y comportamientos que se suscitan cuando perdemos algo. La muerte de un ser querido, la ruptura de una relación, una quiebra económica, la pérdida de la salud, de un objeto preciado, etc., nos inducirán a un duelo, el cual va siempre unido a las pérdidas de todo tipo; en el caso que nos ocupa, al divorcio. Los padres pasan por su propio duelo, y de igual manera los hijos.

Como mencioné en la introducción, este libro se ocupa de los hijos, y es su proceso de duelo y cómo ayudar a que lo superen lo que trataré en este capítulo. A los padres les sugiero atender su propio duelo buscando ayuda profesional o leyendo libros al respecto; entre ellos les recomiendo el de mi autoría: *Todo pasa... y esto también pasará. Cómo superar las pérdidas de la vida.*

Un duelo implica la vivencia de una variedad de estados y sentimientos que van desde la negación, la culpa, el miedo, el enojo y la tristeza, hasta la resolución del duelo que conlleva aceptación y paz. En este apartado trataré cada uno por separado, desde la perspectiva de cómo podemos apoyar a nuestros hijos para dominarlos.

Muchas personas creen que los hijos de padres divorciados están destinados a sufrir y fracasar en la vida. Otros se van al extremo contrario y pintan de rosa la situación al afirmar que no tendrá ningún efecto sobre ellos. Ambas son posturas radicales y relativas.

La verdad es que –siendo realistas y honestos– el divorcio es doloroso para los hijos (para algunos más que para otros). Aun cuando hay quienes piden y hasta presionan a su madre o a su padre para que terminen esa relación por lo disfuncional, conflictiva y dolorosa que resulta para toda la familia, y ante el divorcio experimentan paz y alivio, de todas maneras pasarán por un inevitable proceso de duelo.

Los padres podemos hacer mucho para apoyar a nuestros hijos mientras transitan por este trance y lograr que salgan bien librados. De hecho, la realidad muestra que muchísimos hijos de padres divorciados –niños, adolescentes y adultos– no presentan ninguna clase de desventaja en ningún aspecto de su vida, ya sea personal, familiar, social o profesional. Asimismo, una gran cantidad de hijos de padres que están juntos toda la vida presentan problemas emocionales y de personalidad que se manifiestan en fracasos en diversas áreas de la vida.

De igual forma, muchísimos hijos de padres que se quedan juntos toda la vida son personas felices, sanas, productivas y exitosas en todos los sentidos, y también lo son muchísimos hijos de padres divorciados. La actitud, madurez, amor, apoyo y manejo sabio de los padres, ya sean divorciados o no, es condición necesaria para que esto suceda.

Con el propósito de apoyar a nuestros hijos para superar su proceso de duelo ante el divorcio de sus padres es de suma importancia dejarles bien claro que en nuestro hogar "se permite" expresar los sentimientos, cualesquiera que éstos sean. Cuando los externen –de la manera que sea– no hay que regañarlos, burlarnos, descalificarlos o invalidarlos; por el contrario, debemos escucharlos con empatía y respeto.

Cuando los hijos no se atreven a expresar verbalmente lo que sienten, es útil sugerirles que lo escriban. Al parecer muchos se sienten más confiados y seguros utilizando la valiosa herramienta de la escritura. Pueden permitirnos leerlo o no, eso dependerá de ellos y a fin de cuentas no es lo más importante, sino desahogarse a través de la palabra escrita.

El juego es otro instrumento muy valioso y efectivo con el que los niños pequeños pueden exteriorizar sus sentimientos y procesarlos y sin duda lo harán. Hablaré de esto más adelante.

Sea como sea –hablado, escrito o actuado–, expresar lo que sienten es una catarsis[1] que les ayudará en gran medida a superar el duelo por el divorcio de sus padres.

También es muy importante reconocer cuándo será conveniente y necesario proporcionarles apoyo profesional. Existen otros tipos de terapia que el especialista

---

[1] Curación a través de desahogarse de varias maneras: hablar, llorar, escribir, etcétera.

utilizará de acuerdo con la evaluación que lleve a cabo del caso, según la edad y las circunstancias relativas al hijo. El terapeuta sabrá qué hacer.

Hablemos ahora de cada uno de los sentimientos que acompañarán el duelo de nuestros hijos y de algunas herramientas que serán de gran utilidad para ayudarlos a superarlo.

LA TRISTEZA

El sentimiento de tristeza es inevitable ante el divorcio, que es una pérdida desde el punto de vista que lo veamos. Hay formas efectivas para asimilar este sentimiento y lograr que en su momento disminuya su intensidad e incluso desaparezca como resultado de un buen manejo del duelo. Veamos algunas alternativas para sanarlo:

1) Permite que en tu familia se valga llorar. La tristeza va de la mano con el llanto, y la intensidad de aquélla es directamente proporcional a la de éste, o por lo menos al deseo de llorar. Si bien cuando sentimos un gran dolor emocional tenemos ganas de llorar, no significa que lo hagamos. El llanto es una sanadora catarsis que lamentablemente muchos padres no tienen claro cómo manejar o están confundidos respecto de si es sano permitir a sus hijos hacerlo, ya que existe la errónea creencia de que no debemos llorar porque nos hace daño y porque es una muestra de debilidad. Ésta es una infundada y absurda suposición que no sólo nos ha llevado a sentirnos avergonzados cuando lloramos, sino además a esforzarnos para desarrollar la habilidad de reprimir el llanto y, peor aún, a enseñar a los niños a hacerlo también, sin comprender

que llorar es una función emocional y biológica que tiene una razón de ser.

2) Enseña a tus hijos que llorar es sano y necesario. Cuando experimentamos un shock o desequilibrio emocional como consecuencia de una vivencia dolorosa, automáticamente se nos disparan las ganas de llorar con todo lo que esta acción conlleva, como es suspirar y gemir, porque al hacer todo esto eliminamos una cantidad de sustancias tóxicas que se generan en nuestro cuerpo como producto de ese estado emocional; a través de los suspiros profundos tomamos buenas cantidades de oxígeno que nuestro cerebro y en general todo nuestro cuerpo necesitan para lidiar con las hormonas del estrés y demás toxinas que se produjeron. Por eso después de una buena sesión de llanto nos sentimos relajados, serenos y motivados. Llorar no hace daño, reprimir el llanto sí, y si reprimimos constantemente el llanto terminaremos por enfermarnos emocional y físicamente.

La otra faceta de esa errónea creencia acerca del llanto es la que afirma que llorar es de gente débil. La verdad es que para atreverse a entrar en contacto con el tipo de sentimientos que nos hacen llorar hay que ser valientes; los débiles son los que no se permiten llorar y reconocer que sienten dolor, tristeza, ira o frustración. Sentir y llorar es, pues, un acto de valientes y un recurso humano que deberíamos apreciar y respetar.

3) Si se da el caso, permite que tus hijos te vean llorar. A muchas madres y padres les preocupa sobremanera esta escena porque puede que también ellos lo hagan. Ante esta preocupación mi respuesta es: si tus hijos te ven

llorar y por eso ellos también lo hacen, ¡qué bueno!, eso significa que de igual manera necesitan hacerlo, lo cual, como ya explicamos, no tiene nada de malo. Asimismo, numerosos padres piensan que si sus hijos no los ven llorar creerán que están felices y que "aquí no está pasando nada". La verdad es que nuestros hijos –de cualquier edad– saben muy bien cuándo estamos tristes, temerosos o enojados, aun sin que lo expresemos directamente, ya que el lenguaje corporal nunca miente y es imposible ocultarlo. "Sentir" que algo está pasando con mamá o papá sin tener claro de qué se trata los angustia y los confunde, y si recordamos el asunto del "pensamiento mágico", pueden llegar a sentirse culpables al suponer que mamá o papá está triste, enojado o temeroso por algo que ellos hicieron.

Quiero dejar claro que no estoy recomendando que "te exhibas" emocionalmente ante tus hijos con toda intención, avisándoles que vas a llorar o llamándolos para que te vean hacerlo; sino que si se da la casualidad de que estás llorando y te ven no lo ocultes ni lo niegues, no mientas al respecto y lleva a cabo los manejos que te he mencionado en párrafos anteriores.

4) La verdad ante todo. Si tus hijos te preguntan: "¿Qué tienes?", respóndeles siempre la verdad, de acuerdo con su edad y con las circunstancias. No tienes que dar detalladas explicaciones ni hablar de tus intimidades, pero tampoco inventes historias para "encubrir" los motivos que te mantienen triste o enojado ni mucho menos intentes negar que lo estás.

Propuestas clave

Estoy triste por los problemas entre tu mamá/papá y yo. Pero no te preocupes, nosotros nos hacemos cargo de todo esto.

No te preocupes, es normal que uno se ponga triste por cosas como éstas, y después de llorar un ratito me voy a sentir mucho mejor. Tú también puedes llorar cuando tengas ganas de hacerlo.

Y recuerda: si tus hijos lloran porque te ven hacerlo, ¡está bien!, diles que no hay ningún problema y que llorar es bueno para todos, porque es la verdad.

EL ENOJO

Respecto del sentimiento de enojo que muchos hijos experimentan hacia uno o ambos padres durante el proceso de divorcio, es necesario comprender que es normal que lo sientan, ya que de alguna manera perciben a los padres como los causantes del dolor, de los cambios, de la incomodidad o de los inconvenientes que ese divorcio le acarrea a toda la familia. Con frecuencia ese enfado está dirigido hacia el padre que tomó la decisión de divorciarse, ya que se percibe como el causante de todo ese embrollo.

Recuerdo el caso de unos padres que se estaban divorciando. La madre resolvió hacerlo después de 14 años de vivir bajo el patológico control de su marido. Ella toleró todo eso por algunos años sin sufrir demasiado. Pero a medida que pasa el tiempo maduramos, cambiamos, evolucionamos, y cuando esto sucedió con ella ya no pudo seguir bajo ese yugo absurdo y enfermo.

Al informarles a sus hijos de 10 y 12 años que se divorciarían, al paso de los días ellos comenzaron a mostrarse muy enojados con su madre. Ella los reunió y amorosamente expuso sus razones para tomar la decisión y los invitó a decir todo lo que sentían. La hija de 12 años expresó: "¡Mamá, aguántate y haz todo lo que mi papá quiere y así no se va a enojar!" Ella le explicó el gran error que eso sería y las consecuencias que traería para ambas, pues ese patrón de conducta podría repetirse cuando creciera y tuviera pareja.

Después de esta conversación abierta y honesta los hijos comenzaron a comportarse más serenos y cariñosos con su mamá.

Hay múltiples razones por las que los hijos pueden estar enojados en la situación de divorcio, pero cualesquiera que sean es necesario no perder de vista que es normal y que casi siempre detrás del enojo se esconde el dolor. Es común que los seres humanos de todas edades reaccionemos con disgusto cuando en realidad sentimos pesar. La razón es muy simple: enojados nos percibimos fuertes y enormes; en contacto con el dolor, en cambio, nos sentimos pequeños, vulnerables, débiles e indefensos. Pareciera que el enojo lastima menos, es por eso un mecanismo de defensa inconsciente para disminuir el sufrimiento, una máscara para ocultarlo.

Hablar con nuestros hijos y permitirles expresar y ventilar sus dudas, sus sentimientos y sus opiniones les ayuda a entender mejor las cosas y a procesar la situación del divorcio de sus padres. Asimismo, es de suma importancia saber cómo apoyarlos para sanar su enojo. De la misma manera que con el llanto, debemos animarlos a que lo expresen sin regañarlos o burlarnos por ello, sino con todo el respeto que cualquier ser humano merece.

El enojo no es malo en sí mismo, pero la errónea creencia de que lo es hace tan difícil reconocerlo, enfrentarlo y manejarlo; lo más común es negarlo y reprimirlo, lo cual es un gran error, porque la ira contenida se somatiza y genera enfermedades, insomnio, ansiedad, depresión y amargura.

El enojo de nuestros hijos puede presentarse de diversas maneras: a veces como un sentimiento casi secreto que requiere adivinarse porque se esconde detrás de algunos de sus comportamientos; en otras ocasiones ellos lo expresan de manera abierta, directa y desbocada. Sea cual fuere la forma en que lo manifiesten las herramientas que propongo a continuación serán de gran utilidad para subsanar este sentimiento:

1) Invítalos a escribir una o varias cartas para que expresen todo lo que sienten; explícales que no tienen que mostrárselas a nadie, a menos que así lo decidan, ya que son sólo para ayudarlos a sacar –libremente y sin riesgos– su enojo y sus sentimientos. Algunos hijos deciden enseñar la carta a uno de sus padres o a ambos. Si es el caso, no los regañes ni te burles por lo que escribieron, esto sería un gran error, ya que perderían la confianza en ti y les dará el mensaje de que "uno no debe expresar sus sentimientos; es mejor reprimirlos y negarlos". Esto, por razones obvias, les afectará en la vida de manera muy importante. Si no quieren mostrarte lo que redactaron, está bien; no los presiones ni te molestes por ello. Después, tomando todas las precauciones, juntos pongan la o las cartas en un recipiente adecuado y quémenlas. Una vez convertidas en cenizas las depositarán en la tierra de alguna planta o árbol. Este ritual es un hermoso y poderoso símbolo: el fuego transmuta y purifica la energía de enojo que se plasmó en ellas, convirtiéndola en un nutriente para las plantas, ya que las cenizas contienen minerales. Explícales esto a tus hijos.

Escribir cartas para desahogar su enojo, seguidas del ritual mencionado, puede repetirse cuantas veces tus hijos lo sientan necesario a lo largo del tiempo que dure su proceso se duelo. Si los niños todavía no saben escribir, el juego es un excelente sustituto, como lo explicaré más adelante.

2) Organiza en algún lugar de tu casa lo que yo llamo "el rincón del enojo". Esto puede ser literalmente un espacio pequeño o hasta una habitación completa, de acuerdo con las dimensiones de tu hogar. Ahí pondrás una o varias de las siguientes cosas, según se acomode a tu situación: cojines, una toalla vieja, alguna perilla de box con sus respectivos guantes y cosas por el estilo. Cada vez que alguno de tus hijos se sienta enojado, en lugar de golpear a su hermano u otras personas, o de aventar, destrozar cosas y propinar insultos, irá al "rincón del enojo" para desahogarse, apaleando los cojines o la perilla de box, retorciendo la toalla, etc. Otras opciones son subir y bajar escaleras, darle una vuelta a la manzana corriendo o caminando con intensidad (obviamente, acompañado de un adulto, si es un menor) o darse un baño.

La razón para hacer este tipo de cosas es que cuando el fuego de la ira se enciende en las entrañas se produce un fuerte desequilibrio bioquímico en el cuerpo. Se incrementa la producción de sustancias como la adrenalina, la bilis, el cortisol y otros químicos y hormonas que pasan al torrente sanguíneo. Se tensan los músculos y se acelera el ritmo respiratorio y cardiaco. Hacer movimientos fuertes con el cuerpo nos ayuda a metabolizar esos químicos y retornar al equilibrio. De otra manera nuestro cuerpo tardaría mucho tiempo en lograrlo y nos dolería la cabeza el estómago, se inflamaría nuestro intestino, etc., con la consecuente aparición de problemas de salud más serios.

3) Ayuda a tus hijos a transformar su enojo en algo productivo. Los sentimientos son energía y por tanto puede ser canalizada hacia donde deseemos. El enojo es un fuerte motor que nos sirve para realizar cosas. Explícale esto a tus hijos e invítalos a transformar su ira en actividades como escribir, pintar, hacer figuras de plastilina o yeso, crear una artesanía, componer una canción o una pieza musical, hacer deporte, etcétera.

4) En el caso de niños pequeños –digamos, menores de siete años– podemos ayudarles a procesar su enojo, su dolor y cualquier otro sentimiento o conflicto interno a través del juego. Éste es el instrumento por el cual ellos comunican sus asuntos más profundos. Para lo que nos ocupa no necesitamos hacer nada directamente, sino sólo proporcionarles un tipo de juguete que represente una familia: de ositos, de vaquitas, de aviones, de muñequitos, o hasta de simples piedritas o tablitas. El objetivo es que ese grupo de objetos dé la idea de un papá, una mamá y unos hijitos. Aun cuando los objetos no tengan formas específicas los niños inconscientemente percibirán en éstos el símbolo de "familia" y "actuarán" sus sentimientos con cada uno de ellos.

No es necesario –y de hecho no es recomendable– explicarles que eso es una familia o que tal es el papá y ésta es la mamá y éstos los hijitos, y mucho menos que les adviertas que al jugar con ellos manifestarán sus sentimientos. Simplemente déjalos jugar a su manera, libre y espontáneamente, sin involucrarte en lo absoluto. A mí me parece que es muy interesante verlos a ratitos y "de lejos" sin que se den cuenta, porque nos ayuda a entender lo que hay en sus corazones. Aun cuando a veces lo que observemos pueda no gustarnos o incluso inquietarnos, nos será de gran utilidad para comprender cómo se sienten nuestros niños, sus conflictos internos, y la necesidad de proporcionarles ayuda profesional si es el caso.

Una madre se impactó al ver que su hijo de cuatro años tomó al osito que representaba a la mamá, le dio unas buenas nalgadas, le gritó que era fea y mala, y luego la aventó lejos sin volver a involucrarla en su juego. Esto, aunque no fue agradable para la mamá, la confrontó con la realidad de que eso era justamente lo que ella le hacía a su hijo: darle nalgadas, gritarle cosas feas y alejarse emocionalmente de él cada vez que se "portaba mal", lo cual, por cierto, lo hacía sentir a su vez enojado y resentido con ella, manifestando esto a través de la acción agresiva hacia la "mamá osa" en su juego.

Cabe hacer la aclaración de que esto no es "terapia de juego". Ésta es una corriente terapéutica más compleja que debe ser manejada por un profesional experto, quien no sólo proporciona los juguetes al niño para que exprese y simbolice sus conflictos y sus sentimientos, sino que también le ayuda a elaborarlos y sanarlos. El juego, como lo propongo en párrafos anteriores, es terapéutico en sí mismo, pero no sustituye de ninguna manera la "terapia de juego" manejada por un especialista, la cual es altamente recomendable para los niños.

Los duelos pueden superarse, eso es un hecho, y las herramientas aquí presentadas son muy eficaces para conseguirlo. No obstante, como en repetidas ocasiones he insistido, es preciso que los padres tengamos la sabiduría para reconocer cuándo es necesario proporcionar ayuda profesional a nuestros hijos y ser maduros y valientes para tomar las debidas acciones al respecto. No hay excusas. Aun cuando la situación económica de una familia no sea holgada se puede encontrar ayuda terapéutica en diversas instituciones que la proporcionan y la hacen completamente accesible para todos los niveles socioeconómicos. En México contamos con el Sistema para el Desarrollo Integral de la Familia (DIF) y otros organismos gubernamentales y no gubernamentales con presencia en prácticamente todas las localidades.

Propuesta clave

Hija/o, entiendo que estés enojada/o conmigo (o con tu mamá/papá) porque nos estamos divorciando, eso es normal. Tienes nuestro permiso para estar enojada/o. Puedes hablarme de lo que sientes y no te voy a regañar. Algún día este sentimiento va a pasar, no te preocupes.

LA CULPA

Tal como lo comenté en el capítulo 1, nuestros hijos pueden sentirse culpables por creer que pudieron hacer algo para evitar el divorcio de sus padres o que de alguna manera lo causaron. A veces lo razonan de forma consciente y abierta, pero en la mayoría de los casos sucede inconscientemente.

1) Como anteriormente recomendé, es necesario que los padres verbalicemos esa dinámica y les aclaremos que nuestra decisión de divorciarnos no tiene nada que ver con algo que ellos hayan hecho, que ellos no son culpables y que sólo nosotros –los padres– somos responsables de nuestra decisión. Este simple manejo tiene poderosos efectos en el logro del objetivo de liberar a nuestros hijos de las culpas que no tienen.

2) Alerta con los comportamientos autopunitivos. Si nuestros hijos –de cualquier edad– se quedan atrapados en esa infundada, pero para ellos real culpa por el divorcio de sus padres, muy probablemente desarrollarán comportamientos autopunitivos, lo cual significa que de manera inconsciente se castigarán a sí mismos, tal como le sucede por lo general a cualquier persona cuando siente culpa. Ese autocastigo puede presentarse en un amplio abanico de formas: lastimándose físicamente con mucha frecuencia al caerse, golpearse, cortarse, etc.; haciendo cosas que le van a acarrear regaños o castigos de sus padres o maestros; estropeando un paseo, una fiesta o cualquiera de las cosas buenas y agradables que la vida u otras personas le dan.

Cualquier forma que tome el autocastigo, éste funge como una especie de mecanismo de compensación inconsciente a través del cual se pretende pagar las "cuentas" que creemos deber, o autosabotearnos las cosas buenas que suponemos no merecer.

3) Verbalizar el autocastigo que están actuando. Lo primero es darnos cuenta de que nuestro hijo se está auto-
…gando. Verbalizarlo es una herramienta muy útil que
…da a volverse consciente de ello y a detener ese

patrón de conducta. Convendría decirle, de acuerdo con su edad, que notamos que constantemente se cae, se corta, o se lastima, o que hace muchas cosas que le generan regaños y situaciones desagradables tanto en la escuela como en casa. Luego le explicaremos que las personas a veces hacemos eso para castigarnos porque nos sentimos culpables.

4) Utiliza la valiosa herramienta de los cuentos. Éstos pueden ser grandes aliados para dar a nuestros hijos todo tipo de mensajes y –en este caso– para ayudarlos a superar no sólo la culpa, sino todos los sentimientos relacionados con su duelo por el divorcio, a través de un proceso de identificación; es decir, que al identificarse (permítaseme la redundancia) con el personaje del cuento que logra vencer al dragón o encontrar la salida, o tal vez salvarse de las garras de la bruja, el niño recibe indirectamente el mensaje de que si dicho personaje pudo resolver el problema, de seguro él también será capaz.

Esto funciona con niños pequeños, digamos menores de seis años, y se trata simplemente de relatarles historias en las que el protagonista vive alguna experiencia que lo puso triste o enojado, o que lo hace sentir culpable o temeroso. El héroe lo enfrenta así y lo supera de tal y tal forma. Usa todos los elementos que forman parte de los cuentos: magia, seres míticos, cuevas, laberintos, varitas mágicas, etc., y asegúrate de que el final sea uno en el cual el protagonista sale victorioso de su situación. Tal vez también encuentres algunas historias de las muchas que ya existen que se puedan adaptar a lo que te interesa manejar con tu hijo.

Por otra parte, los cuentos le permiten que, de una manera socialmente aceptada, pueda expresar sentimientos "inaceptables" hacia figuras con quienes es inadmisible tenerlos. Por ejemplo –como ya lo mencioné–, es normal que un niño a veces sienta coraje con mamá o papá, pero no es permitido expresarlo, ni siquiera reconocer para sí mismo que lo siente. En los cuentos se presenta el personaje de la bruja, el hechicero o la madrastra –malos todos ellos– para personificar esos sentimientos hacia los padres, que son inaceptables y vergonzosos. Así, con la bruja, la madrastra o el malvado hechicero, sí se vale estar enojado.

Otra faceta interesante de los cuentos es que están plagados de símbolos que el inconsciente no sólo de los niños, sino también de los adultos, entiende perfectamente, aunque conscientemente no los comprenda o ni siquiera los note. Como ejemplo de esto están las hadas madrinas y los magos, que representan la propia sabiduría y el potencial interior; las palabras mágicas que abren puertas o transforman algo y simbolizan el poder del verbo, de la palabra; los príncipes azules que rescatan a la princesa y viven felices para siempre, y significan la importancia de armonizar los opuestos, la parte femenina y masculina dentro de sí mismo.

5) Inventar sus propios cuentos. A los niños les encanta inventar ficciones, al hacerlo, mientras papá y/o mamá escucha con atención, verbalizarán sus propios conflictos emocionales, proyectados en los personajes y situaciones de la historia; esto es una forma de catarsis que les permite procesar dichos conflictos o sentimientos.

A continuación presentaré de nuevo la *propuesta clave* que ofrecí en el capítulo 1, para dejar bien claro a los hijos que nuestro divorcio no es culpa suya.

Propuesta clave

Tu mamá/papá y yo hemos decidido divorciarnos porque no somos felices juntos. Ustedes no tienen la culpa de esto. No es porque ustedes hayan hecho o no hayan hecho algo; nosotros así lo decidimos porque consideramos que es lo mejor.

EL MIEDO

No es de extrañar que ante el divorcio de sus padres los hijos sientan incertidumbre y miedo al futuro, a la pérdida, a los cambios, a lo desconocido. Dentro de sí mismos les surgen numerosos cuestionamientos que contribuyen a generar ese sentimiento de temor a ¿cómo va a ser la vida ahora?, ¿con quién voy a vivir?, ¿voy a perder a uno de mis padres?, ¿me van a cambiar de escuela?, ¿nos vamos a cambiar de casa?, ¿quién me va a cuidar?

Los miedos se disfrazan de maneras extrañas: se pueden mostrar de una forma que no tiene nada que ver con el miedo real. Por ejemplo, el niño comienza a sentir temor de ir al baño solo; quizás empieza a mostrar pavor a los perros o a ciertos insectos, pero en realidad no es a eso a lo que teme; el verdadero temor es otro. Puede tratarse de un miedo a quedar desprotegido.

También es común que los hijos hablen de sus miedos de manera directa al preguntar acerca de las dudas que tienen y expresándolos abiertamente.

Sea como sea, no es necesario ser psicólogos expertos ni tampoco ponernos a interpretar el significado real de los miedos que nuestros hijos puedan comenzar a presentar ante el divorcio. Lo importante es saber cómo apoyarlos para que lo superen. He aquí algunas herramientas para lograrlo.

1) Es muy importante que motives a tu hijo a hablar de sus dudas y las respondas de manera clara y simple. Por ejemplo, puede estar experimentando mucho miedo por la incertidumbre acerca de si al divorciarse lo van a cambiar de escuela y va a perder a sus amigos. Al saber que no será así, el miedo puede desaparecer de inmediato. Podría estar preocupado porque piensa que al irse de la casa su papi va a dormir en la calle. Al explicarle claramente que vivirá en tal lugar, el niño ya no tendrá motivos para inquietarse.

Asimismo, es muy importante que les expliquemos de manera muy clara cómo será la vida ahora; por ejemplo, qué días van a dormir con su papá, quién los va a recoger de la escuela, etc. Es recomendable que hagamos los menos cambios posibles, porque el que el divorcio trae en sí mismo es ya enorme como para agregar otros. Mientras sea viable es preciso no mudarlos de escuela o de casa, y en caso de que esto tenga que ser así, hay que hacerlos parte del proceso: diseñar juntos la decoración de la nueva casa y la distribución de los espacios, explorar juntos el nuevo vecindario, etc. Proporcionar a nuestros hijos información clara y concisa les ayuda de manera muy eficaz a superar el miedo que la falta de la misma les acarrea, lo cual los lleva a imaginar historias y situaciones que aunque no tienen nada que ver con la realidad, los llenan de temor.

2) Pide a tu hijo que te hable de manera detallada acerca de su miedo. Sin criticarlo, sin burlarte, sin minimizarlo, pero sin hacer drama como si fuera la cosa más espantosa del mundo. Escucha con atención y pregúntale todos los detalles posibles. El simple hecho de verbalizar el miedo lo modifica. Mientras tanto, transmítele confianza y tranquilidad con el tono de tu voz y con tu lenguaje corporal.

3) Acompáñalo en el proceso de "enfrentar" el miedo. Por ejemplo, ve con él al baño, enciende la luz, muéstrale que no hay nada de qué preocuparse y utiliza todos los recursos que se te ocurran para hacer de esa ida al sanitario algo diferente, incluso agradable. Yo recuerdo que cuando era niña, en cuanto oscurecía me producía muchísimo pánico ir al baño sola y siempre estaba buscando a alguien para que me acompañara. Un día, tal vez por enésima vez, le tocó a mi hermana mayor, María de la Luz. Me acuerdo que me dijo: "El miedo está en tus pensamientos; para que ya no tengas miedo de venir al baño sola, empieza a cantar desde que empiezas a caminar hacia acá y no dejes de cantar hasta que salgas y regreses a donde estabas, y así no pensarás en el miedo". Y nos fuimos juntas al baño… cantando… Ese día algo se modificó. Recuerdo haberme sentido sorprendida de ver que funcionaba. No sé si seguí cantando cada vez que fui al baño sola o si siquiera lo hice una vez más, lo único que sé es que ese "el miedo está en tus pensamientos" me dio una sensación de tranquilidad que es difícil explicar, algo así como saber que si cambiaba mis pensamientos mi miedo se iría, o como si eso significara que "afuera" no había en realidad nada que temer.

4) Si tu hijo no se atreve a hablarte de sus miedos, no lo presiones; en su lugar cuéntale acerca de los miedos que tú tenías en tu infancia y cómo los superaste. Esto puede

motivarlo a hablar de los suyos, y si no, le dejará un sanador mensaje: no soy el único, no soy tonto, no soy malo por sentir esto... ¡y es posible superarlo!

5) En la medida en que veas que va superando ese miedo, alaba su valentía y su esfuerzo para que vaya adquiriendo más confianza.

Propuesta clave

Hija/o, me puedes contar todas las dudas que tengas, que te causan miedo y preocupación. Yo te las voy a aclarar y te voy a responder todas las preguntas que quieras hacer.

Siempre contéstale con la verdad. De acuerdo con su edad, respóndele y explícale en detalle lo que pregunta sin caer en el extremo de platicarle intimidades o cosas que pueden causarle un shock y empeorar las cosas. Cuida que tu respuesta sea clara, verdadera, detallada, pero no vayas más allá, no proporciones información extra que pueda confundir. En pocas palabras, contesta sólo lo que se te pregunta. Así de simple.

Hasta aquí he presentado algunas acciones eficaces para apoyar a nuestros hijos a superar su enojo, su tristeza, su culpa y su miedo. No obstante, existen otras alternativas cuya eficacia ha sido más que probada por muchos años, y de las cuales podemos echar mano tanto para ayudarnos a superar nuestro propio proceso de duelo ante el divorcio, como el de nuestros hijos. Las herramientas que a continuación presento no son *en vez de*, sino *además de* las que ya he recomendado en este capítulo.

- Existen maravillosos tratamientos naturales totalmente inofensivos y altamente eficaces para sanar las emociones. Me refiero a la homeopatía y las flores de Bach, que pueden ser consumidos por personas de cualquier edad sin ningún riesgo. Un profesional capacitado en esas áreas sabrá qué fórmula preparar para armonizar el estado emocional en conflicto.

- El ejercicio físico disminuye los niveles de las hormonas del estrés y los diversos elementos relacionados con el desequilibrio emocional, e incrementa la producción de sustancias que lo devuelven.

- El contacto con la naturaleza es una amorosa fuente de tranquilidad y paz.

- Realizar actividades artísticas como la pintura, el baile, el canto o el teatro ayudan a expresar los propios talentos, a relajarse y a sentirse contento.

- Otras alternativas que promueven la relajación y el equilibrio emocional son el reiki, la meditación, la aromaterapia, la musicoterpia, etcétera.

- ¡Diviértanse!... la vida sigue y hay que seguirla disfrutando. Vayan a lugares interesantes, hagan cosas que les gusten, convivan con amigos divertidos, exploren nuevas actividades, hagan nuevos amigos, coman sabroso.

El miedo, la culpa, el enojo y la tristeza son parte inevitable de un duelo. Por fortuna hay muchas cosas que podemos hacer para superarlos. Nuestros hijos pueden ser niños, adolescentes o adultos sanos y felices, aun cuando sus padres estén divorciados. Nos corresponde apoyarlos para que así sea.

6

Por el bien
de tus hijos...
qué no hacer

En este capítulo mi única y prioritaria intención es hacernos conscientes de la trascendencia que tienen los berrinches, las venganzas, los caprichos y los juegos sucios que los padres hacemos con nuestra ex pareja, y de cómo éstos afectan a nuestros hijos. Es una invitación a que tomemos conciencia de las graves consecuencias que dichos comportamientos pueden originar en la vida presente y futura de nuestros amados hijos de cualquier edad, para que actuemos como adultos maduros y tomemos las mejores decisiones posibles en relación con cada uno de los aspectos que necesitan ser atendidos en la situación de divorcio. ¡Todo por el bien de nuestros hijos!

La mayoría de las veces ellos ni siquiera están conscientes de cuánto y cómo les perjudican nuestros juegos sucios, pero aun cuando no se den cuenta y nosotros no lo queramos reconocer, el efecto negativo de estas conductas es inevitable.

POR EL BIEN DE TUS HIJOS...
NO LOS USES COMO MENSAJEROS

Casi nunca nos detenemos a pensar cómo se siente un hijo cuando se le coloca en esta posición. Entendámoslo de una vez por todas: los niños y los adolescentes, y aun los hijos adultos, experimentan angustia y miedo cuando se les impone la función de "mensajero" entre sus padres. Por ejemplo, la mamá le indica que le diga a su papá que necesita dinero para el uniforme, o que le mande la mensualidad, o que le pague los meses atrasados que le debe.

El niño se llena de miedo e incertidumbre porque en su corazón sabe que –probablemente– papá se va a enojar. Quizá lanzará insultos hacia su madre por "latosa, gastadora y desconsiderada" que cree que el dinero se da en los árboles. Tal vez hasta el niño saldrá regañado.

Quizás el mensaje no tenga que ver con dinero, sino con otros temas de la vida cotidiana. El papá, por ejemplo, le manda decir a la mamá que no va a poder llevarse a los hijos el siguiente fin de semana. La mamá reaccionará lanzando sus inconformidades e insultos hacia ese "irresponsable y bueno para nada".

El recado de mamá hacia papá puede ser en relación con cualquier tipo de cosas, como que venga a recoger su ropa que no se ha llevado; que le informe a los latosos de sus amigos que ya no vive ahí para que ya no le llamen; que su amiga lo vio con una mujer en tal restaurante; que no sea irresponsable y vaya a las juntas de la escuela, y una gran cantidad de situaciones de la vida cotidiana. El papá también manda diversos mensajes a la madre respecto de todo tipo de temas: que use menos el teléfono porque el recibo salió muy caro; que él sólo pagará las colegiaturas y no la manutención de los hijos; que no lo siga molestando con equis cosa; que ya se enteró que anda de "cascos ligeros" con sus amigas; que no está cuidando bien a sus hijos, etcétera.

Hay toda clase de "mensajes" que muchos padres envían a su ex a través de los hijos: "dile", "convéncele", "pídele", "pregúntale"... Si somos honestos reconoceremos que por lo general, sea cual sea la nota que se remite al ex cónyuge, el receptor reacciona con enojo y lo expresa sin tapujos frente a ellos que ninguna culpa tienen; externan con frecuencia comentarios desagradables hacia el emisor.

¿Tus hijos tienen que tolerar eso? ¿Les corresponde llevar los mensajes entre sus padres y exponerse a sus reacciones destructivas? ¿Es su responsabilidad estar en medio de ambos? ¡NO! ¡Absolutamente NO! Todo lo que le tengas que decir a la madre/padre de tus hijos, ¡díselo tú directamente! Todo lo que quieras andar averiguando sobre tu ex cónyuge, pregúntalo tú directamente. ¿Te da miedo o flojera hacerlo? ¡Pues supéralo! O en el último de los casos, si es que en verdad hay razones poderosas y válidas para no dirigirte sin intermediarios a tu ex, pide ayuda a un abogado para que funja como representante o a otro adulto de tu confianza, pero no uses a tus hijos ni cargues sobre sus espaldas ese angustiante y pesado paquete que no les corresponde llevar.

En ciertas etapas del proceso de divorcio puede ser muy estresante la comunicación con el ex cónyuge. Pero eso no debe ser motivo para deshacernos de esa molestia y echársela encima a nuestros hijos. Con el paso del tiempo y a medida que elaboramos nuestro proceso de duelo puede volverse cada vez más fácil y menos estresante comunicarnos. No obstante, algunas personas se quedan por el resto de su existencia atrapadas en el enojo, el odio, la venganza y los juegos sucios. Esto lo único que denota es una gran inmadurez y una tendencia a vivir fuertemente controlados por el ego y no por nuestra parte madura y sabia.

Algunas personas –muchas, por desgracia– nunca se vuelven adultas y se quedan toda la vida en una etapa infantil, haciendo berrinches, reaccionando en vez de decidir cómo actuar. Sobra decir cómo, en la situación de divorcio, estas actitudes producto de una personalidad inmadura y enferma dificultarán muchísimo salir airosos del proceso de duelo y llegar a una etapa en que ambos puedan estar en paz y respetarse. Lograr la resolución del duelo por un divorcio no significa que queramos volver a vivir con nuestra ex pareja o que se nos ha olvidado todo aquello que sucedió, por lo cual nos divorciamos. Significa dejar de pelear, de odiarnos y, en cambio, respetarnos; valorar y apreciar todo lo que nuestra/o ex nos dio, empezando por lo que más amamos: nuestros hijos.

POR EL BIEN DE TUS HIJOS... NO LOS PONGAS EN UNA PARADOJA

Tal vez al leer la palabra *paradoja* te vengan a la mente las paradojas lógico-matemáticas, que son las más conocidas o por lo menos de las que la mayoría de nosotros hemos escuchado, aunque muchos no las entendamos. En la corriente de terapia familiar sistémica se le denomina paradoja a una situación confusa y contradictoria que se da en las relaciones entre personas muy significativas. La persona que es sometida a ella queda atrapada en un estado emocional y mental insostenible, intolerable, que le causa fuerte confusión y daños emocionales, porque haga lo que haga pierde. Si bien en esta corriente se proponen varios tipos de paradojas, aquí presentaré este concepto de manera general y sintetizada, porque así conviene al asunto que nos concierne.

¿Cómo ponemos a nuestros hijos en una paradoja? Hay muchas maneras; por ejemplo, cuando les hablamos mal de su padre o su madre –estemos casados o divorciados– y nos quejamos de lo que "nos hace", porque sin decirlo de manera explícita les mandamos este mensaje a nuestros hijos: "Mira qué malo es tu padre/madre; mira cómo me hace sufrir; si lo/a quieres, admiras, respetas, disfrutas convivir con él/ella, etc., me traicionas. Entonces... ¡prohibido amarla/o, admirarla/o, respetarla/o". De esta manera, el hijo entra –sin ser consciente de ello– en esta angustiante paradoja que si le ponemos palabras diría así: "Si quiero, admiro, respeto, disfruto convivir con mi mamá, entonces traiciono y pierdo a mi papá. Si quiero, admiro, respeto, disfruto convivir con mi papá, entonces traiciono y pierdo a mi mamá". Porque aunque parezca mentira, así es como se sienten los padres que tienen estas actitudes: ¡traicionados y ofendidos!, cuando sus hijos aman a su pareja o ex pareja a quien ellos tanto desprecian.

Todo ser humano, tan sólo por haber nacido, tiene el sagrado derecho de amar y honrar a su padre tanto como a su madre. La vida se lo ha concedido y nadie, ni siquiera sus progenitores, está autorizado para quitárselo.

He escuchado a muchos padres y madres decir que la razón por la que le hablan mal a sus hijos de su cónyuge o ex cónyuge es para que sepan la verdad de cómo es, por su propio bien. Nuestros hijos saben muy bien cómo somos. Lo ven día a día, y si bien en la infancia ese concepto puede estar distorsionado por el veneno que uno de sus padres les ha sembrado en el corazón y en la mente, en su interior ellos siempre saben la verdad. Tarde o temprano llega el día en que nos hacemos conscientes de que nuestra madre o nuestro padre no era tan malo o tan bueno como nos lo pintaron.

Otra paradoja en la que comúnmente ponemos a nuestros hijos es pedirles que elijan con quién quieren vivir, y peor aún, usar su respuesta para hacerlos sentir culpables porque eligieron al "otro"; como si esa elección significara: "A mí no me quieres". Los hijos se sienten muy, pero muy mal de tener que tomar semejante decisión, porque sea cual sea su respuesta, pierden. Sea cual sea su elección, quedarán mal con uno de sus padres. Es imposible emitir una respuesta "correcta" ante semejante pregunta, que genera en su interior un horrible tormento y culpa. Más adelante daré algunas recomendaciones sobre este punto, en el segmento titulado "¿Con quién deben vivir?"

Así también, cuando tu ex cónyuge los va a llevar a algún lugar nunca les digas que necesitas que se queden contigo. Nunca los pongas en ninguna situación en la que tengan que elegir entre papá y mamá.

Poner a un hijo en una paradoja se da en todas las edades no sólo en los niños, y a cualquier edad provocará en el hijo la misma angustia, confusión y profundo daño emocional.

Otra faceta que toma esta dinámica es prohibirles a nuestros hijos que sigan en contacto con sus abuelos, tíos y primos; que los quieran o que disfruten estar con ellos porque nos caen mal. Nos guste o no, ellos siguen siendo su familia. Nuestros hijos tienen derecho a verlos y convivir con ellos y viceversa. Nadie debe impedir que esto suceda sin una causa justa. En lugar de obstaculizarles esta convivencia hay que estar felices de que la haya y permitirles que la tengan y la disfruten, porque los lazos familiares refuerzan en los hijos el sentido de pertenencia, su seguridad y su autoestima.

Yo realmente estoy convencida del poder liberador que tiene expresar verbalmente a nuestros hijos –de cualquier edad– nuestra "autorización", y siempre recomiendo que, según sea el caso y su edad, les digamos cosas como: "tienes todo mi permiso para ser feliz", "tienes todo mi permiso para querer y admirar muchísimo a tu papá/mamá", "para divertirte cuando estás con tus abuelos", "para tener una excelente relación de pareja", "para disfrutar mucho la fiesta a la que vas con tus primos", "para ser exitoso", "para divertirte en tus vacaciones", "para realizar tus sueños", etcétera.

Tal vez te preguntes: "¿Nuestros hijos necesitan permiso para todo eso? ¡Sí! De lo contrario, es muy probable que sientan que traicionan a su madre o a su padre si ellos son felices, exitosos, se divierten, disfrutan la vida, etc., y sus progenitores no. En este caso la paradoja es: si hacen algo para sí mismos sin el "permiso" de los padres, los traicionan a ellos, y si no lo hacen para no incomodarlos y complacerlos, se traicionan a sí mismos.

Pareciera un tanto irreal que los padres a veces no "den permiso" a sus hijos de ser felices, exitosos, ricos, etc., pero es verdad. Muchas veces la amargura, la frustración y el dolor no resuelto de los padres por haber tenido y seguir teniendo una vida infeliz e insatisfactoria, genera en ellos un resentimiento y una sensación de ser traicionados cuando sus hijos son capaces de crear otro tipo de vida para sí mismos y de disfrutarla. No es falta de amor, no es maldad; es una reacción normal ante el dolor y la insatisfacción no sanados. Esto, no obstante, tiene solución. De los muchos caminos para curarlos, de nuevo mencionaré la psicoterapia, la meditación, la oración, el reiki, la homeopatía, las flores de Bach, el arte en todas sus manifestaciones, el contacto con la naturaleza, etcétera.

POR EL BIEN DE TUS HIJOS... NO FORMES ALIANZAS CON UNO DE ELLOS

Una alianza es un lazo que se establece entre ciertos miembros de la familia y sucede generalmente de manera espontánea. Es un acuerdo inconsciente, no hablado, pero definitivamente cumplido; los miembros que establecen dicha alianza tienen intereses comunes. Casi siempre una alianza trae consigo una coalición, lo que significa que los aliados se ponen en contra de otro miembro de la familia, al que esa alianza perjudica porque dos tienen más fuerza que uno.

Las alianzas/coaliciones familiares se pueden establecer entre uno de los padres y un hijo en contra del otro cónyuge o de otro hijo. También se establecen entre dos hermanos en contra de otro o en contra de uno de sus padres. Y menos frecuente es que se formen entre los dos padres contra uno de sus hijos.

En situación de divorcio es común que uno de los padres forme una alianza con uno de los hijos, y por lo general en contra de su ex cónyuge, hacia el que se lanzan críticas, burlas, juicios, y de muchas maneras se habla a sus espaldas. Algunas alianzas son sumamente destructivas, ya que no sólo implican hablar mal del otro, sino también llevar a cabo agresiones directas de todo tipo que perjudican al afectado en su integridad moral y física.

Un padre celoso y furioso porque su ex esposa tenía una relación de pareja le dio un sobre a su hijo de 18 años, con el que tenía una fuerte alianza en contra de su madre. La intención era que el joven dejara ese sobre "accidentalmente" en el coche del novio de la mamá, el cual contenía unas fotos de ella cenando con otro caballero con el que había tenido una corta relación meses atrás. De esta manera pretendían que el nuevo novio la dejara. ¡Qué bueno que éste resultó ser más maduro e inteligente que el ex, porque la táctica no produjo los resultados que el primero deseaba.

En ocasiones las alianzas y las acciones asociadas a ellas toman matices que a mí me parecen crueles. Por ejemplo, una señora mandaba a su niña de 12 años a sacar a su papá de la cantina cada vez que se tardaba en llegar a casa. Otra mandó a su hija de 18 a la casa de "la otra" a agredirla, a amenazarla y a decirle que se alejara de su padre. Un hijo veinteañero fue enviado varias veces por su padre a seguir a su propia mamá cuando veía a su nueva pareja. El joven esperaba que salieran del cine o de cenar y si después buscaban un momento romántico e íntimo en la casa del hombre, él los seguía y los interceptaba al llegar; regañaba a la mamá y le hacía tal drama que la obligaba a volver a casa. Afortunadamente este joven fue capaz de romper esa alianza con su padre y decirle que ya no haría esas cosas, y que si quería seguir a su mamá lo hiciera él mismo.

Las alianzas también se dan en el campo de los sentimientos, cuando un padre o una madre se une con su hija/o para odiar a su ex cónyuge. Compartir su odio con su hija/o, o mejor dicho, arrastrar a su hija/o a ese estado de odio, le da a ese padre una sensación de poder, fuerza y sentimiento de superioridad ante su ex. Algo así como: "Mira, está de mi lado".

POR EL BIEN DE TUS HIJOS... NO LOS CONVIERTAS EN TUS "AMIGOS Y CONFIDENTES"

"Mi hija de 13 años es mi mejor amiga; a ella le cuento todo", me dijo orgullosa una madre. ¿Cómo podría una jovencita de esa edad manejar las confidencias de su madre? No puede.

Muchas madres y padres tienen una tremenda dificultad para hacer amigos perdurables, íntimos y de su edad. Entonces toman a sus hijos como tales.

Si bien es cierto que cuando los hijos ya son adultos no hay inconveniente en que les platiquemos algunos de nuestros asuntos personales, siempre debe haber un límite, una zona de nuestra intimidad que no les contaremos por la sencilla razón de que son nuestros hijos y resulta difícil para ellos manejar esa información. Si esto sucede cuando los hijos son adultos, imaginémonos cuando son adolescentes, o más aún, niños. Esto es aún peor cuando lo que les contamos tiene que ver con los problemas con nuestro cónyuge o ex cónyuge, que los pondrá en las angustiantes situaciones de las que ya hablamos en los dos apartados anteriores.

Los amigos son una parte importante y necesaria en la vida. Las mujeres, por ejemplo, por nuestra naturaleza necesitamos hablar de nuestras experiencias, compartir nuestras cosas, expresar los propios sentimientos y opiniones. Cuando una mujer no lo hace se frustra, se amarga y se deprime. Esto a veces es difícil de entender para los hombres. Con frecuencia algunos me han expresado quejas como: "Yo no entiendo por qué mi mujer tiene que irse al café con sus amigas por lo menos cada semana", "¡por qué habla tanto por teléfono!", "¡para qué le cuenta todo a su hermana o a su amiga!" La respuesta: porque es mujer.

Así pues, en la vida es necesario caminar acompañados de amigos que vibran en nuestra misma frecuencia, que nos escuchan y nos entienden, que escuchamos y entendemos y con los cuales podemos compartir las cosas de la vida, pero éstos deben ser adultos de nuestra edad, no nuestros hijos.

POR EL BIEN DE TUS HIJOS... NO LOS CONVIERTAS EN "AVES DE MAL AGÜERO"

Un *ave de mal agüero* es aquella que anuncia la proximidad de un acontecimiento terrible; la que trae malas noticias.

A lo largo de los años he conocido muchos hijos que asumieron esta función en la decisión de divorcio de sus padres. La asumieron no por gusto, sino porque uno de ellos los puso en ese lugar. Me estoy refiriendo a los que "tuvieron" que decirle a su padre o a su madre que su cónyuge quería el divorcio. Algunos de estos casos me han puesto la piel de gallina de sólo imaginarme lo que significa para un hijo tener que ser el portador de semejante noticia.

Una mujer que actualmente tiene 35 años me contó acerca de cómo tuvo que pasar por una situación de ese tipo. Su padre es un hombre tremendamente amargado y con un constante mal humor que ni él mismo aguanta; su mamá es una mujer con una personalidad sumamente débil. Quince años atrás, el padre llegó un día del trabajo y en casa se encontraba sólo la hija, que entonces tenía 20 años. En cuanto su padre abrió la puerta le informó: "Mi mamá quiere el divorcio, éstos son los papeles que el abogado le dio para que los revises y los firmes. Ya empaqué tus cosas porque te vas ahora mismo". Acto seguido, mientras él se recuperaba del shock, su hija comenzó a subir las cajas y las maletas al coche de su papá con todas, pero todas sus pertenencias.

Por supuesto el hombre no obedeció dócilmente las órdenes de la hija, sino por el contrario, comenzó a bajar todo del auto, a proferir insultos y a repetir una y otra vez que nadie le ordenaría que se fuera de su propia casa.

Este proceso de divorcio requirió mucho tiempo, esfuerzo e intervención legal para concretarse, pero todo el tiempo la hija estuvo en medio, llamando al abogado, dándole indicaciones a su débil madre, regañando a su enojado padre y conciliando todos los pleitos y desacuerdos entre ellos.

Algunos padres me han comentado que uno de sus hijos está constantemente presionándolo para que se divorcie: "¡Ya déjala/o!, ¡ya divórciate!", y hasta les consiguen abogado. Cuando los hijos hacen esto es porque los hemos puesto en ese lugar. Los metemos en medio de nuestra pareja y nosotros, los convertimos en solucionadores de nuestros problemas. En otras ocasiones los hijos presionan por el divorcio porque ya no toleran seguir viviendo en ese infierno de gritos, conflictos y sufrimiento, y los padres no hacen nada al respecto; ni resuelven sus problemas, ni se separan. Sea como sea, en estos casos el hijo se siente impulsado a tomar las acciones que ninguno de los padres es capaz de asumir.

A continuación presento un caso en el que dos hijas veinteañeras vivieron TODO lo que en este capítulo he relatado hasta este punto: fueron convertidas en "aves de mal agüero", atrapadas en una horrenda paradoja, inducidas a una alianza con la madre y convertidas en sus mensajeras y confidentes. Este caso tiene una gran profundidad y diversas facetas que nos será sumamente útil y didáctico revisar.

Se trata de una familia formada por padres con una relación muy conflictiva y dos hijas. Después de 27 años casados y varios de dormir separados, el negocio de la madre –maestra de inglés y directora de su propia escuela, que había establecido en un área de su casa– entró en una etapa boyante. Esto los llevó a ocupar su casa entera como inmueble para el instituto y a decidir rentar un departamento al que a fin de cuentas sólo se mudaron las dos hijas y el padre. De la ventana del departamento se veía el patio del ahora instituto, y el padre se pasaba todo el tiempo mirando a través de ella. Comenzó a notar la constante presencia de un amigo de la familia, unos 18 años menor que su esposa, y con frecuencia le preguntaba a su hija mayor –entonces de 24 años– qué es lo que hacía este hombre ahí y por qué pasaba tanto tiempo cerca de su madre.

Aquí nos detendremos un momento para revisar la primera paradoja: ¿por qué preguntarle a su hija y no a su esposa? Al hacer algo así colocamos a la hija/o en una posición muy angustiante, porque si sabe la respuesta y la dice queda como chismoso y traidor; si no la externa se convierte en mentiroso y también como traidor. Si desconoce la respuesta de todas maneras se sentirá estresado y ansioso por el incisivo interrogatorio al que es sometido acerca de algo que no puede contestar, y de esta manera le falla al padre que cuestiona; no puede ayudarlo, no puede satisfacer su necesidad de saber algo que le inquieta. Haga lo que haga traiciona a alguno de sus padres. Haga lo que haga, PIERDE.

Volviendo a nuestra historia, resulta que la madre se fue involucrando sentimentalmente con su joven amigo, y un día se lo cuenta a su hija menor, de 22 años. Horas más tarde le muestra a su hija mayor –a quien el padre interrogaba– una carta de su madrina. Pero resultó que dicho escrito era una misiva de amor de su amigo, que por error (?) le mostró a la hija en lugar del documento de la madrina.[1] Para su hija fue un tremendo shock. Se retiró presurosa y se encerró a llorar desconsolada por muchos minutos.

Quién sabe si el "error" al mostrarle la carta equivocada fue conscientemente intencional o un "acto fallido" –como ya lo expliqué en la nota al pie–, pero eso es lo de menos. Lo que importa –y mucho– es que esta madre convirtió a ambas hijas en sus cómplices; ello significa situarlas en la angustiante posición de tener que mentir, traicionar e inventar historias para *tapar* el secreto de su madre. Por su parte, las dos hijas comenzaron a presionarla para que contara la verdad a su padre; ella evadió su petición engañándolas con el pretexto de que el psiquiatra se encargaría de eso. Las hijas hablaron con el doctor, pero él ni siquiera estaba enterado del asunto.

La hija mayor, a quien yo conozco, es una joven muy inteligente, madura, sensata y con un profundo sentido de ética interior, todo lo cual la llevó a no soportar más esa complicidad ni a continuar con tan monumental mentira. Un día le dijo a su madre: "Si tú no le dices la verdad a mi papá para tal día, nosotras se la diremos". Por supuesto la madre no lo confesó, ya que tal vez eso era justamente lo que inconscientemente estaba buscando: que alguien hi-

---

[1] Esto es un ejemplo de lo que Freud llamó "actos fallidos", que consisten en "errores" que cometemos de manera supuestamente no intencional, pero en realidad son verdades que no nos atrevemos a expresar o manifestar y nuestro inconsciente, digámoslo así, nos traiciona. Detrás de un acto fallido de cualquier tipo se esconde una verdad que no nos atrevemos a reconocer o a expresar.

ciera "la tarea" por ella. Ésos fueron los motivos –también inconscientes– que la impulsaron a envolver a sus hijas en su secreto.

Entonces, llegado el plazo, la primogénita le informó a su padre que su mamá tenía una relación amorosa con el mencionado amigo. La reacción del padre las impresionó muchísimo: lloró por horas con tal dolor y desesperación que les rompía el corazón. Entonces se sentían culpables por habérselo dicho y hacerlo pasar por semejante aflicción (¿no será que él ya lo sabía pero no lo quería aceptar?). Culpables también por haber revelado el secreto de su madre, aunque eso era justamente lo que ella quería. Y para colmo, la madre les reclamó que "no le dieron tiempo de decírselo ella misma", quien TAMBIÉN las hizo sentir culpables por eso. Conscientemente no nos damos cuenta del "juego", pero por éste somos profundamente afectados.

Ahora sí, la paradoja alcanzó todo su esplendor: las hijas sintieron que traicionaron a la madre por no haberle dado tiempo y por revelar su secreto; que traicionaron al padre por hacerle pasar por tanto dolor. Pero si no le hubieran dicho también lo traicionaban, por mentirle cada vez que externara la cotidiana pregunta acerca de la constante presencia del joven amigo en la casa de su madre. Si no le contaban además se traicionaban a sí mismas por falsas y mentirosas. Actuaran como actuaran, dejaran de hacer lo que dejaran de hacer, no podrían tener otro final más que PERDER. Éste es el sino de las paradojas; lo que las hace tan destructivas; lo que lleva a instalar a quien está atrapado en ellas en una situación insostenible, insoportable, en la que no hay otra opción... PIERDE... PIERDE... PIERDE... PIERDE...

Los padres hacemos cosas como éstas no porque seamos malos o deseemos arruinarles la vida a nuestros hijos, sino porque no nos damos cuenta, porque no buscamos ayuda profesional, de un amigo o de un familiar adulto, que es con quienes debemos buscarla, no con los hijos. Me imagino que en esta historia la madre se sentía tan atrapada en una relación disfuncional con su marido, que inconscientemente necesitó algo que rompiera con ella de manera radical y tajante. Nadie duda que ella tuviera derecho a ser feliz con su nueva pareja, que tenía derecho a romper la relación insatisfactoria y abusiva que soportó durante años, pero cómo lo hizo es lo que no es sano.

Hay que hacer las cosas respetando la armonía de la vida. Primero se cierra un capítulo y luego se abre otro. Se tiene la valentía para tomar las decisiones deseadas y se asumen las consecuencias.

Los padres debemos tomar la total responsabilidad de nuestros problemas tanto de pareja como individuales, y entender de una vez por todas que nuestros hijos no son los indicados para resolverlos; no pueden, no deben, no les corresponde. Debemos convertirnos en adultos maduros y fuertes para llevar nuestra propia carga de la vida, que ya nuestros hijos traen la suya. Y si no podemos solos para eso existe la ayuda profesional: los psicoterapeutas, los consejeros espirituales, los grupos de ayuda, que nos sirven de apoyo para enfrentar nuestros asuntos y encontrarles solución.

¡Entendamos ya, por Dios! ¡Estas cosas no se les hacen a los hijos!

POR EL BIEN DE TUS HIJOS... NO LOS HAGAS TESTIFICAR CONTRA SU PADRE/MADRE

A lo largo de mis 19 años de práctica profesional unas siete veces me ha solicitado un abogado o un padre de familia fungir como "perito" en la evaluación de un niño o una niña y declarar en el juicio de divorcio que la criatura está realmente dañada emocionalmente –sea cierto o no– por su padre/madre para lograr una patria potestad, una pensión económica o la prohibición del juez para que el padre o la madre tenga contacto con el o los hijos. También me han pedido "preparar" a algún niño, niña o adolescente para que testifique en un juicio en contra de su padre/madre y lograr objetivos como los mencionados.

En una ocasión, un abogado me ofreció una jugosa suma de dinero para realizar una evaluación psicológica a una niña y presentar un reporte "conveniente para mi cliente, que quiere mantenerla alejada de su papá" (ésas fueron las frases exactas), convencido de que mi palabra sería tomada como la verdad absoluta por el juez, quien me tenía en muy alta estima por haber atendido a su esposa y a su hijo un par de años atrás.

Siempre me he negado a esos juegos que someten a los niños, a los adolescentes y hasta a los hijos adultos a la tortura de tener que testificar contra uno de sus padres y sentirse despreciables y traidores por hacerlo; que los usan para "demostrar" que deben ser alejados de su padre/madre sólo para que el demandante satisfaga su necesidad de venganza y de castigar a su ex cónyuge; que los utilizan para lograr una pensión económica o la obtención de una o varias propiedades. No entiendo cómo algunos profesionistas se prestan a esto. Y más aún, no entiendo cómo algunos padres y madres someten a sus propios hijos a estas situaciones. Tal vez porque no saben la manera profunda en que esto afectará sus vidas, o tal vez lo saben pero es más fuerte su deseo de perjudicar a su ex y de lograr sus propios intereses. Conozco a varios hijos ya adultos que experimentaron la penosa situación de testificar contra uno de sus padres. Créanme que esto les perjudicó la vida.

Respeto a los profesionales que deciden llevar a cabo estos peritajes, pero yo simplemente no puedo. La única circunstancia en la que aceptaría hacerlo es cuando en verdad existen actos reales de uno de los padres que afectan la vida o el bienestar de sus hijos, como el abuso físico, emocional o sexual; un padre demente o adicto a las drogas que los atormenta y pone en peligro, etc. Pero la verdad es que en la mayoría de los casos –al menos en los que me han ofrecido– se pretende distorsionar y acomodar la realidad para que parezca lo que el interesado quiere y así lograr sus bajos y sucios objetivos.

En una ocasión un hombre muy rico y con mucho poder social y político me pidió que hiciera uno de estos peritajes en su largo y desgastante juicio de divorcio, para que se demostrara –ya daba por hecho el resultado– que su niña de nueve años debía ser alejada de su madre y no convivir con ella porque era "malo" para su bienestar emocional. Esto estaba totalmente apoyado por la madre de este hombre, con la que él vivía, que odiaba a su ex nuera y quería más que nada quitarle a la niña para llevársela a vivir con ella. Yo conocía a esta criatura y a su madre porque habían sido mis pacientes meses atrás. La niña era una encantadora chiquilla vivaracha e inteligentísima y ciertamente no estaba dañada por la convivencia con su mamá, con quien vivía. La madre es una buena mujer cuyo único "pecado" es ser muchísimo más bella que su ex marido y haber iniciado otra relación de pareja que a éste lo tenía celoso y furioso.

Por supuesto me negué a avalar este juego sucio y con toda la claridad, solemnidad y firmeza le dije al hombre que él sabía que eso no era verdad, que su ex mujer era una buena madre y no tenía derecho de alejarla de su hija, y que si lo hacía perjudicaría profundamente a la niña. El hombre se retiró de mi consultorio molesto y arrogante, y no volví a saber de él.

Al paso de algunos meses salí a caminar una tarde. El mencionado personaje y su mamá tenían su casa justamente a unas cuadras de la mía. Al pasar por ahí presencié una escena deprimente alumbrada por la amarillenta luz del atardecer. Lo que vi me partió el corazón. La niña estaba sentada en una sillita detrás de la reja, en la cochera de esa casa donde vivían su papá y su abuela; su mamá estaba del otro lado, en la acera, sentada en el suelo como un perro, platicando con su hija y tomándole la mano. Cuando me miraron y nos saludamos la mujer dijo con profunda tristeza: "Mira, Martha; lo lograron... me quitaron a mi hija. Les costó mucho dinero pero lo lograron. Ahora sólo puedo verla tres veces por semana y en estas circunstancias. Estoy apelando, y aunque mi abogado no me da grandes esperanzas, yo voy a luchar hasta el último aliento para recuperarla".

Las dos lloramos... De hecho, las tres.

¡Dónde tenemos la cabeza y el corazón cuando les hacemos todas esas cosas a los hijos! ¡Por Dios! ¡Por qué nos importa más la sed de venganza de nuestro venenoso y podrido ego que el bienestar de nuestros hijos!

Y decimos que los amamos.

7

Por el bien de tus hijos... qué sí hacer

POR EL BIEN DE TUS HIJOS... HAZ QUE *DIVORCIO* NO SEA IGUAL A *ABANDONO*

Es dolorosamente lamentable que esto suceda con tanta frecuencia. Muchos padres y madres no se divorcian sólo de su cónyuge, sino también de sus hijos. Y con la separación de sus progenitores esos hijos enfrentan un doloroso abandono porque uno de sus padres se aleja, los saca de su vida, los excluye de su mundo emocional, les retira su apoyo, los deja huérfanos.

La orfandad "creada" es tan dura y dolorosa como la orfandad real cuando un padre en verdad muere. No obstante, sin duda alguna la orfandad "creada" tiene componentes muy dolorosos que la real no tiene. Porque cuando un padre ha muerto –con todo el dolor que acarrea–, el hijo por lo menos sabe que se ha ido para siempre y que no hay regreso. Pero en la orfandad "creada" producto del abandono el hijo no sólo sufre por la pérdida del padre o de la madre, sino por la horrenda incertidumbre de la espera. Tal vez mañana llame, tal vez venga el día de mi cumpleaños, quizá para Navidad... El tormentoso dolor de la incertidumbre nunca termina, viven con ella el resto de su vida. Y la incertidumbre mata, calcina, carcome, atormenta de maneras más graves de lo que se puede describir con palabras.

El abandono de los padres deja una marca imborrable, un tatuaje de "vergüenza existencial" en la identidad del hijo. Ésta consiste en una constante y casi siempre inconsciente sensación y convicción de ser un error, de ser inadecuado, no merecedor, "manchado", razón por la cual el padre lo ha rechazado. El hijo abandonado siempre cree que hay algo malo en sí mismo, por lo cual su padre o su madre no quieren estar con él.

Sobra decir que el hijo abandonado NUNCA es culpable de ello. Los padres y las madres abandonan por su incapacidad de comprometerse, por sus profundas enfermedades emocionales no sanadas, pero NUNCA los hijos son responsables.

Divorcio no tiene por qué ser igual a *abandono*. Lo que los hijos más necesitan es la presencia de ambos padres en su vida, y divorciados o no debiéramos concederles la dicha de nuestra irremplazable presencia en su existencia. Dicho en otras palabras: platica mucho con ellos, convive lo más que puedas, llámales por teléfono, proporciónales experiencias recreativas e interesantes para que aprendan, maduren y se diviertan. Cumple amorosamente con tus obligaciones de padre o de madre como mantenerlos, alimentarlos, cuidarlos, apoyarlos en sus cosas, ir a juntas de la escuela y todo lo que la vida diaria con ellos requiere. No les hacemos ningún favor, estamos simplemente cumpliendo el compromiso sagrado que adquirimos con la vida cuando los tuvimos.

Aun cuando tus hijos hayan llegado al mundo porque te falló el método anticonceptivo, ELEGISTE tenerlos; eso significa que aceptaste el sublime encargo y todo lo que representa.

Cabe aclarar que *abandono* no significa necesariamente irse para siempre y no volverlos a ver. El hijo puede sentirse abandonado cuando casi no pasamos tiempo con él, cuando le prometemos que lo veremos, le llamaremos o lo llevaremos a algún lugar y no cumplimos; cuando no nos interesamos en sus cosas; cuando se nos olvida su cumpleaños o no tuvimos tiempo de celebrar o comprarle un regalo; cuando lo dejamos esperando en la escuela demasiado tiempo antes de recogerlo; cuando, de cualquier forma, somos indiferentes hacia él. Por eso un hijo puede sentirse abandonado, aunque sus padres estén casados y vivan en la misma casa.

Lo que afecta a los hijos de manera más importante que el divorcio mismo es el abandono de uno de sus padres, perderse su presencia y su apoyo en la vida. Por eso hago esta súplica: haz que *divorcio* no sea igual a *abandono*. No te divorcies de tus hijos.

POR EL BIEN DE TUS HIJOS… CÚMPLELES TODO LO QUE DIGAS Y PROMETAS

Una de las cosas que más me impresionan y decepcionan en la vida es la cantidad de personas que no cumplen lo que dicen, ya sea algo tan simple como: "te llamo en la tarde", o una promesa que solemnemente se ofreció. Ir por la vida lidiando con gente que no cumple su palabra es una de las cosas más frustrantes y difíciles para mí. Por contraparte, toparme con gente que la cumple me llena de gozo y de esperanza. ¡Me fascina interactuar con personas así!

Más allá de que cumplir lo que dices tenga que ver con valores como la integridad y la confiabilidad, y sea una cualidad realmente valiosa en un ser humano, en la situación de divorcio éste es un tema sumamente delicado que hay que tomar en cuenta. Con gran frecuencia se presentan situaciones en las que uno de los padres hace una cita con sus hijos para pasar por ellos tal día a tal hora, promete algo, asegura que les llamará, ofrece ayudarlos en tal cosa, llevarlos a tal lugar, y sencillamente, con la mano en la cintura, los deja plantados. A veces por lo menos tiene la decencia de avisarles, pero muchísimas otras ni a eso llega y provoca en sus hijos una de las desilusiones más grandes que pueden experimentar en la vida; van matando la capacidad de confiar. Esos hijos de padres y madres que no cumplen su palabra viven en una constante incertidumbre porque tal vez vaya a suceder... quizá no... hay que esperar... ¿cuánto tiempo?... ¿y si sí?... ¿y si no?... Y todos sabemos cómo la incertidumbre estresa, angustia, desgasta y agota.

Hace poco me impactó un comentario que escuché de una chica adolescente. Sus padres están casados; la mamá mencionó que el papá dijo que el domingo irían a comprarle su nueva recámara, que estaba prometida desde hacía 10 meses, como regalo de sus 15 años. Al oír esto la hija respondió con desgano: "Mmm... ¿y tú le crees? Yo ya no... Lo que mi papá dice es un 'tal vez'... puede que suceda... puede que no..."

No sólo es triste sino grave que un hijo conceptualice a su madre o a su padre como alguien sin palabra, en quien no se puede confiar. Y cuando se llega a esto es sin duda alguna porque el padre o la madre se lo ha ganado a pulso.

No hay mayor gozo para un hijo, ni situación que lo haga sentir más seguro, que saber que si su mamá o su papá dijo algo, así será, y si por circunstancias totalmente fuera de su control no pudo cumplir, les avisará y encontrará la mejor forma de arreglar las cosas.

Cumple lo que prometes a tus hijos, convierte tu palabra en un compromiso sagrado que dará como resultado no sólo que ellos aprendan a confiar en ti y se vuelvan confiables ellos mismos, sino que traerá maravillosas recompensas a todas las áreas de tu vida, porque, como dice Marianne Williamson: "El universo apoya la integridad".

POR EL BIEN DE TUS HIJOS… TEN CUIDADO CON LA CULPA/COMPENSACIÓN

Una de las cuestiones que hay que considerar prioritaria es estar consciente de que no importa lo urgente, lo necesario y lo sano que sea tomar la decisión de divorciarnos, ambos padres sentirán culpa en muchos momentos, y sobre todo el cónyuge que tomó la iniciativa para llevar a cabo la separación y/o el proceso legal de divorcio.

Es de suma importancia estar conscientes de este sentimiento de culpa, porque de no hacerlo caeremos en sus peligrosas redes y probablemente desarrollaremos conductas insanas que afectarán de manera dramática el desarrollo de la personalidad de nuestros hijos. Aun cuando es normal sentirnos culpables por habernos divorciado, jamás deberemos permitir que la culpa dirija nuestras acciones y decisiones porque sin duda nos llevará por caminos equivocados. Por ejemplo, darles más de lo que necesitan, consentirlos y sobreprotegerlos, obedecer sus demandas, no ponerles límites, permitirles que nos agredan, etc., para compensar nuestra falta. También seremos sumamente vulnerables a los chantajes que muchos hijos imponen sobre sus *culpígenos* padres y, peor aún, suspenderemos toda clase de reglas y disciplina en el hogar porque inconscientemente supondremos que esto les proporcionará una vida lo más fácil y cómoda posible. Por razones obvias, todo lo anterior es un gravísimo error.

Hace poco me encontré a una mujer que conozco desde hace varios años, cuando nuestros hijos eran pequeños, y no la veía desde que el suyo –ahora de 28– era un adolescente. Ella se divorció cuando el hijo tenía unos nueve años y siempre percibí una fuerte tendencia de su parte a sobreprotegerlo. Como las dos disponíamos de tiempo caminamos un par de cuadras hacia un restaurante donde nos sentamos a platicar y a "actualizarnos" al calor de un cafecito.

Me dijo que ahora vivía en un departamento oscuro y minúsculo en el que apenas cabía, porque la amplia casa que había comprado años atrás se la había dejado a su único hijo, ahora casado, para que viviera con su esposa.

–¿Recuerdas cuánto trabajo me costó pagar esa casa, Martha? Trabajé durísimo para obtenerla y mira, ahora estoy viviendo donde no me gusta, pero me alcanza para pagar la renta –comentó con un tono de añoranza y desilusión.

–¿Pero por qué le dejaste la casa a tu hijo? –pregunté. Su respuesta me dejó helada:

–Pues mira, me dijo que él la necesita más que yo, y que a final de cuentas cuando yo me muera será de él, que entonces mejor se la diera de una vez. Y pues tiene razón. Ya ves que la pasó difícil por el divorcio, por lo menos que ahora viva a gusto. Es él o yo. Uno de los dos tiene que vivir cómodo y el otro incómodo. Pues mejor que ésa sea yo.

Quedé impresionada no sólo de cómo ella no puede ver que al hijo, joven y sano, le corresponde trabajar duro –como ella lo hizo– para comprarse su propia casa, sino además pareciera que se está autocastigando, condenándose a sí misma a vivir como vive: "incómoda", como si tuviera que ser así. Vivir en un lugar modesto no tiene por qué ser incómodo. Y siendo la mujer de acción que siempre fue no puedo creer que no haga algo para encontrar la manera de vivir a gusto.

La culpa, el chantaje, la manipulación y el autocastigo van siempre de la mano.

a) Mantén en tu hogar una disciplina y reglas claras y firmes

Ambos padres deben mantener en su hogar una disciplina y reglas bien claras y firmes, y estar conscientes del enorme bien que esto proporciona a los hijos, lo mucho que les ayuda a desarrollar importantes recursos internos y rasgos de personalidad que les servirán muchísimo en la vida.[1]

Por la importancia que el tema de la disciplina y las reglas tiene, comentaré algunos puntos que considero vitales.

Una constante pregunta que surge por donde quiera que voy es cómo manejar el hecho de que uno de los padres

---

[1] Para una amplia información sobre la importancia de la disciplina y las reglas en la vida recomiendo leer mi libro *Hijos tiranos o débiles dependientes. El drama del hijo sobreprotegido.*

lleva una sana disciplina y reglas bien claras con sus hijos, pero el otro no sólo no apoya eso, sino que lo bloquea y se pone en contra, y así, en lugar de ayudar, pareciera que estorba el funcionamiento del hogar.

Si bien esto puede suceder en familias en las que los padres están juntos, pareciera que en quienes viven separados la situación se vuelve más marcada, ya que los hijos tienen, digámoslo así, dos hogares, cada uno con su propia rutina de vida y sus propias normas, o la ausencia de ellas. Tal vez la mamá no permite comer golosinas antes de la comida, pero el papá lo aprueba cuando los hijos están con él. O quizás el padre los deja ver televisión sólo hasta que hayan terminado la tarea, y la madre accede a que la vean antes de terminar sus deberes escolares. En fin, ésta es otra de las realidades del divorcio que sencillamente debemos aprender a manejar, sin volvernos locos en el intento y sin tomarlo como un drama terrible, porque no lo es en absoluto y tiene solución.

Lo mejor para nuestros hijos –estemos divorciados o no– es que encuentren en ambos padres siempre las mismas reglas y la misma respuesta ante la ruptura de éstas. Los padres deben sentarse a platicar sobre qué es lo que deben reglamentar y cómo. Si están perdidos en el asunto, hay muchos libros disponibles que les apoyarán, o algunas sesiones con un psicoterapeuta que les pueda orientar en el establecimiento de esa necesaria disciplina en el hogar, que tanto bien hace a los hijos para el resto de su vida. Una vez que hayan estructurado ese "plan de acción", entonces, a cumplirlo.

Ambos padres necesitan ser adultos maduros y no niños caprichosos para poder entender que estar de acuerdo en estos asuntos y caminar ambos hacia la misma dirección es lo mejor para sus hijos. Y digo esto porque algunos, sólo por molestar a su ex, contradicen sus órdenes, desdicen sus permisos y contravienen las decisiones y las reglas que éste/a ha establecido para sus hijos. A los únicos que afecta es a ellos, porque se convierten en mentirosos y manipuladores, se van al lado que más les conviene y, por si fuera poco, se sienten confundidos, inseguros y perdidos. Como los amamos tanto, seguro que no deseamos eso para ellos.

Si es tu caso, nunca discutas esos temas con tu ex delante de tus hijos. Intenta hacerle entender en privado que no es un capricho tuyo, sino que la importancia de la disciplina y las normas en la vida, y la congruencia entre los padres es una realidad bien estudiada; que ambos las establezcan y las respeten. Y que eso es lo que quieres para tus hijos.

Cuando has hecho todo lo posible y tu ex cónyuge no está dispuesta/o a establecer una disciplina ni a respetar las reglas y los acuerdos que tú has establecido con tus hijos, entonces, con esa realidad, intenta hacerlo lo mejor posible. Es importante que les digas a tus hijos, por ejemplo: "Sé que en casa de tu papá/mamá sí puedes comer golosinas antes de la comida, pero en la mía no. Aquí las cosas siempre van a ser así".

Es complicado cambiar a alguien o convencerlo de que acepte tomar tal o cual acción, pero siempre, con los pocos o los muchos recursos con que contemos, debemos hacer lo mejor que podamos. Aceptar nuestra realidad sin pelearnos con ella, realizando lo que sí está en nuestras manos lograr.

b) Otra cara de la culpa

En innumerables ocasiones he escuchado a madres y a padres lamentarse y afirmar cosas como: "Ojalá hubiera sabido esto antes, porque hubiera hecho mejor las cosas"; "toda esta información me llegó demasiado tarde, mis hijos ya son adultos y ya cometí muchos errores". Pues permítanme decirles: lo hecho, hecho está. No hay que evaluar el pasado con los ojos del presente, en el que somos más sabios y maduros por las experiencias de la vida. En cada etapa hicimos lo mejor que pudimos de acuerdo con las herramientas y las capacidades personales con las que contábamos en ese momento. Por alguna razón, que va más allá de lo que la mente racional puede comprender, así les tocó a nuestros hijos. Cada experiencia, cada aprendizaje y cada partícula de información nos llega en el instante preciso y perfecto, ni un minuto antes ni uno después. Si no la teníamos en el pasado cuando cometimos lo que consideramos un "error" es porque así correspondía. No hay errores, sólo experiencias y aprendizajes.

No comprender esta verdad profunda, ver la vida únicamente con ojos físicos, es una de las principales causas por las que nos sentimos culpables. Una cosa es hacernos responsables de asumir las consecuencias de nuestros actos y decisiones y aprender de ellas, y otra muy diferente es sentirnos culpables. La primera nos ayuda a aprender y evolucionar, la segunda sólo nos lleva a sufrir y a cometer todos los actos insanos de los que hablé en párrafos anteriores, con el propósito de disminuir y compensar nuestra culpa.

Tener cuidado con la culpa/compensación significa entonces darnos cuenta cuando la sentimos y no permitir que guíe nuestras acciones como padres; dejar de lamentarnos por los "errores" que ya cometimos y estar dispuestos a aprender, a leer, a sanar nuestras propias heridas y a mejorar cada día.

> Si cerráis la puerta a todos los errores,
> también la verdad se quedará fuera.
>
> RABINDRANATH TAGORE

POR EL BIEN DE TUS HIJOS...
SÉ IMPECABLE CON TUS PALABRAS

> Si vas a decir algo sobre alguna persona,
> que sea algo positivo o mejor cállate.

Ésas fueron las palabras de uno de los seres humanos que más me han enseñado en la vida, durante una de las sesiones de un curso que impartió acerca del poder de las palabras. La tarea consistía en que durante la semana siguiente estuviéramos conscientes de nuestras palabras y evitáramos los juicios, los chismes, las críticas y en general hablar mal de las personas. Sólo cosas positivas se podían decir. Qué interesante fue para mí darme cuenta de mi tendencia a hablar de cosas positivas, pero también negativas sobre otros. Al parecer todos los miembros del grupo experimentamos lo mismo.

Esto sucede de manera común porque ignoramos el poder de las palabras y cómo éstas afectan o benefician áreas profundas de nuestra vida y la de los demás.

La sentencia: "Sé impecable con tus palabras" ha sido propuesta por el doctor Miguel Ruiz, autor del maravilloso

libro *Los cuatro acuerdos*, que recomiendo ampliamente.
En éste el autor nos dice:

> Las palabras son el instrumento más poderoso que tie-
> nes como ser humano, el instrumento de la magia. Pero
> son como una espada de doble filo: pueden crear el sueño
> más bello o destruir todo lo que te rodea. Uno de los fi-
> los es el uso erróneo de las palabras, que crea un infierno
> en vida. El otro es la impecabilidad de las palabras, que
> sólo engendrará belleza, amor y el cielo en la tierra. Según
> como las utilices, las palabras te liberarán o te esclaviza-
> rán aún más de lo que te imaginas. Toda la magia que po-
> sees se basa en las palabras [...] Por lo general empleamos
> las palabras para propagar nuestro veneno personal: para
> expresar rabia, celos, envidia y odio. Las usamos para fo-
> mentar el odio entre las distintas razas, entre diferentes
> personas [...] Con el uso erróneo de las palabras, nos per-
> judicamos los unos a los otros...[2]

Cuando expresamos a nuestros hijos los sentimientos bajos y dañinos que tenemos hacia nuestra/o ex les
cargamos encima toda esa energía pesada y oscura que
los daña. Pero no termina ahí, sino que las palabras son
como un bumerán: lo que lanzamos retorna a nosotros.
Al expeler toda esa energía negativa emanada de comentarios ofensivos y críticos acerca de nuestra/o ex cónyuge
en realidad nos estamos perjudicando a nosotros mismos,
puesto que la energía reconoce su origen y siempre re-
gresa a él.

---

[2] Miguel Ruiz, *Los cuatro acuerdos,* 9ª edición, Urano, pp.
54-55.

A nuestros hijos les duele que les hagamos comentarios ofensivos sobre su padre/madre. Ellos nos aman a ambos; no quieren oír esas cosas horrendas sobre ninguno de nosotros. No deberíamos hacerles ese tipo de comentarios y hacerlos pasar por momentos tan desagradables y confusos. Por eso es muy importante que busques ayuda profesional para desahogarte, y no sólo eso, sino para que eventualmente puedas sanar esos sentimientos destructivos y tener paz.

Sé que cuesta trabajo ser impecables con nuestras palabras, sobre todo en esa etapa del proceso de divorcio o la separación en que estamos dolidos, resentidos, ofendidos, enojados y deprimidos. Pero también sé que sí es posible evitar hablar mal a nuestros hijos acerca de su madre/padre. Cuando en verdad tenemos la intención –por el bien de ellos– es fácil convertirla en una decisión y luego en una acción: "Decido no hablarle mal a mis hijos de su padre/madre"; sé que se puede cumplir.

¿Tendrás un resbalón algún día? Probablemente. ¿Es posible que te des cuenta y cambies de actitud de inmediato? Definitivamente sí. Es tu elección, y llevarla a cabo significa que has escuchado a la parte sabia y luminosa de ti mismo y no a tu ego, que es el que nos mal aconseja para vengarnos, agredir y hacer todo lo que hacemos con las palabras. Hablar mal a nuestros hijos de su padre o de su madre los daña más a ellos.

Por tu propio bien, por el de tus hijos, si quieres decir algo acerca de tu ex, que sea positivo. Si no puedes, mejor cállate, como sabiamente aconsejó mi maestro.

Esta destructiva actitud hacia los hijos de hablar mal de su madre o de su padre en algunos casos puede alcanzar niveles verdaderamente patológicos, como lo muestra la siguiente investigación:

En Estados Unidos a partir de 1987 se tomó conciencia social sobre el tema del impedimento y la obstrucción del vínculo padre no conviviente-hijo.

El autor más importante en esa temática es Richard Gardner. Es un psiquiatra titular de la cátedra de psiquiatría infantil de la Universidad de Columbia. Ha escrito más de 240 obras entre artículos y libros. Sabía por su experiencia clínica que los hijos luego del divorcio continúan amando de igual manera a sus padres a pesar de la separación y del paso de los años.

Pero que en los casos de divorcio destructivo el padre que ejercía la tenencia manipulaba en forma consciente o inconsciente al niño para causar el rechazo y obstruir la relación. También sabía que las conclusiones de los estudios sobre hijos del divorcio indicaban que los niños mantenían luego del divorcio una buena relación con ambos padres cuando no había intención del que ejercía la tenencia de eliminar al otro progenitor de la relación.

Se preguntó por qué el síntoma del aparente rechazo surgía en los casos donde existía un impedidor. Lo analizó en sus pequeños pacientes y descubrió que en todos los casos los niños eran objeto de persuasión coercitiva o "lavado de cerebro".

Gardner no fue el único que llegó a esas conclusiones, simultáneamente y en varios estados de Norteamérica otros psicólogos y psiquiatras que trabajaban con niños y con familias llegaban a las mismas conclusiones e identificaban los mismos signos clínicos. Contemporáneamente y sin conocer los autores los trabajos de los otros surgen otros tres síndromes afines.

En Michigan, psicólogos que no conocían el trabajo de Gardner publicaron trabajos sobre un síndrome en el que el niño repetía todo lo que decía el padre impedidor sobre el otro, adoptaba su terminología, se refería a situaciones que decía recordar pero que no habían sucedido y que de haber sido reales no podría recordar por su edad.

Clawar y Rivlin realizaron un estudio poblacional en niños que sufrían lo que ellos llaman Programación Parental en el Divorcio o "lavado de cerebro". Este estudio estuvo a cargo de la Asociación Americana de la Sección de la Familia y la Ley. Luego de más de 12 años de investigación publicaron en 1991 un libro llamado *Niños rehenes*. Los autores encontraron que la programación parental era una forma de abuso psicológico practicada en mayor o en menor medida por el 80% de los padres divorciados. Que 20% de los niños era expuesto a esa forma de relación abusiva de escuchar mentiras y supuestos defectos del padre no conviviente, por lo menos una vez al día.[3]

¿Todavía nos queda duda del poder de las palabras?

Otra faceta que toma este asunto de hablar mal de nuestra/o ex, es cuando lo hacemos frente a nuestra familia o amigos, pero delante de nuestros hijos. Ellos escuchan cómo ridiculizamos o hasta humillamos a su padre/madre; ensuciamos su imagen ante otros. Eso lastima a nuestros hijos, porque se trata de alguien a quien ellos aman, necesitan, extrañan y/o admiran. Se trata de la persona de quien llevan su sangre y sus genes; de ahí provienen. Al degradar a esa persona humillamos también a nuestros hijos, puesto que reciben el mensaje implícito de que si esa persona de la que provienen es la porquería que mamá o papá dice que es,

---

[3] Delia Susana Pedrosa de Álvarez, Conferencia en la Universidad de Belgrano, Cátedra de Psicología Forense.

entonces ellos también lo son. En lugar de percibirse como fruto del amor sentirán que son producto de la porquería. ¡Qué mensaje tan profundamente destructivo y doloroso!

Es totalmente comprensible que en ocasiones tengas deseos de quejarte de tu ex y ventilar sus "maldades" ante sus amigos o tus familiares, pero por favor no lo hagas delante de tus hijos.

POR EL BIEN DE TUS HIJOS...
¿CON QUIÉN DEBEN VIVIR?

Ésta es otra pregunta que con demasiada frecuencia los padres divorciados o a punto de hacerlo formulan. Es imposible dar una respuesta *machote*, porque cada caso debe ser evaluado de manera individual, tomando en cuenta todos los factores alrededor de las circunstancias familiares.

No obstante, a continuación plantearé algunas ideas generales, algunas propuestas, algunas reflexiones, que te pueden ayudar a encontrar tus propias respuestas y tomar las decisiones que mejor convengan a tu familia.

En primer lugar sugiero que te hagas consciente de que NUNCA debemos pedir a los hijos que sean quienes tomen la decisión, como ya lo comenté con anterioridad en el apartado de las paradojas. Es sumamente angustiante tener que elegir entre sus progenitores, y además ser los causantes de la incomodidad, la tristeza o el enojo del padre que no fue el elegido, y sufrir las consecuencias.

Cabe hacer la aclaración de que en algunos casos, cuando los hijos son adolescentes o mayores, es posible tomar esta decisión conjuntamente, pero eso es muy diferente que preguntarles: "¿Con quién quieres vivir?", y dejar sobre sus espaldas la carga de elegir y asumir el resultado.

En general, cuando los hijos son niños –menores de 12 años, aproximadamente– pareciera ser más conveniente que vivan con su mamá, si es que ella está en condiciones físicas y mentales de hacer frente a esa responsabilidad. Por lo general las madres quieren esto, y ese deseo proviene de su naturaleza femenina, de su instinto maternal que las capacita de manera plena para llevar a cabo esa función. No significa que el padre no esté capacitado para ello, o que sea menos importante en la vida de sus hijos, sino que, en la infancia, los lazos con la madre –en cuyo vientre estuvo por nueve meses, de su pecho recibió alimento y vida y en su regazo encontró arrullo y sosiego– todavía están en proceso de fortalecerse para que el niño termine de establecer y realizar la "tarea" de la infancia: adquirir seguridad, confianza, autoestima, etcétera.

De ninguna manera quiero ser malinterpretada en el hecho de suponer que el padre no proporciona esos valiosos recursos a sus hijos durante la infancia. Su presencia es primordial en la vida de ellos, tanto como la presencia de la madre.[4] Lo ideal sería que los niños vivieran con ambos padres, pero si no puede ser así y se tiene que elegir entre uno de ellos, en la infancia es por lo general más recomendable quedarse con la madre.

Esto no exime de su responsabilidad al padre, y la importancia de que esté cerca de sus hijos es indiscutible. Su invaluable presencia marcará una diferencia en sus vidas: entre ser fuertes o débiles, exitosos o fracasados, felices o miserables, hombres de verdad o caricaturas de hombre. Todo esto depende del padre, ésa es la parte que nadie más

---

[4] Hablaré ampliamente de la importante presencia del padre en la vida de los hijos en el apartado "Especialmente para los padres".

que él les puede proporcionar. Ya hablé ampliamente del gran error que cometemos cuando nos divorciamos no sólo de nuestra pareja, sino también de nuestros hijos, porque los abandonamos.

Otra de las alternativas en general recomendable es que cuando los hijos son varones adolescentes o mayores, bien pueden vivir con su padre. Ésta es una edad en que la presencia y la convivencia con la energía masculina del padre ayuda a los hijos varones a establecer y fortalecer su propia masculinidad, su fuerza, su capacidad de producir, de manejar la vida, de lograr metas y solucionar problemas. No necesariamente los hijos varones tienen que vivir con su padre para logar estas metas, pero ya sea que lo hagan o no, la presencia cercana, la intervención de su modelo masculino –su padre– es importantísima también en esta etapa de la vida.

Cabe aclarar que, aunque he hecho una especie de diferenciación sobre la función de la presencia materna y paterna en las diferentes etapas de la vida de nuestros hijos, de ninguna manera debe ser interpretado como si el padre o la madre no fueran importantes en cierta etapa y en otra sí. Insisto en dejar claro que ambos son insustituiblemente indispensables en todas las etapas de la vida de los hijos, pero en algunas específicamente la energía masculina o femenina –paterna o materna– cobran relevancia particular.

En algunas ocasiones uno de los hijos, de cualquier edad, dice que quiere irse con el padre con el que no vive. Con frecuencia esta petición provoca que se haga un gran drama, como si esto fuera el fin del mundo. No lo es en absoluto. Los hijos tienen derecho a pasar un tiempo con el otro padre con quien no viven, a saciar sus ganas de convivir más o de plano vivir con él/ella o a experimentar otro tipo de rutinas y cotidianidad. Una mención o petición como ésta nunca debe ser motivo para que hagamos sentir mal a un hijo o lo regañemos; hay que analizar con él la situación, las posibilidades y las acciones que deberemos considerar para que pueda vivir esa experiencia. A veces esto es posible, otras no, porque el padre con el que el hijo se quiere ir rechaza su petición, en ocasiones por motivos válidos y reales, en otras por la flojera de responder al compromiso que implica atender, cuidar, alimentar, llevar, traer... a los hijos.

En un escenario así hay que aclarar al hijo que si mamá/papá no acepta que se vaya a su casa no es porque exista algo malo en él. Explicarle que no puede atenderlo por equis razones y que no es su culpa ni ha hecho nada negativo para que esto sea así. Así, se disminuirá la posibilidad de que se sienta rechazado, indeseable o responsable.

Existen claras excepciones que cambiarán de manera radical lo dicho en este apartado. Me refiero a los casos en que uno de los padres presenta problemas físicos, emocionales o psicológicos en general que lo hacen incapaz de cuidar de sus hijos, como enfermedades físicas limitantes, adicciones, abuso físico, psicológico o sexual, actos de extrema irresponsabilidad en el cuidado de los hijos debido a una personalidad inmadura y enferma, comportamientos depravados o inmorales, etc. En casos como éstos debemos siempre buscar apoyo profesional, tanto psicológico como legal, para proteger a nuestros hijos y conseguir que no vivan con un padre o una madre con dichas características.

En fin, dentro de este amplísimo abanico de posibilidades y opciones con las cuales responder a la pregunta

"¿con quién deben vivir?", confía en que tu sabio corazón te guiará para tomar las decisiones y llevar a cabo las mejores acciones para tus hijos.

POR EL BIEN DE TUS HIJOS... ¡SÉ FELIZ!

Si lees todos mis libros en los que toco temas de padres e hijos probablemente encontrarás esta recomendación. Si asistes a todas mis conferencias también es probable que la escuches. Soy y seguiré siendo una gran convencida de esta verdad que hace años leí en algún escrito de Erich Fromm: "Lo que garantiza que seamos buenos padres, es ser padres felices".

Algo muy bueno ha resultado de esta insistente recomendación, que estoy decidida a seguirla proponiendo a los padres. Sé de muchos casos en los que ésta ha disparado el interés y las acciones concretas para –¡por fin!– buscar ayuda profesional y atender sus depresiones, sus miedos, sus angustias y sus conflictos; ¡por fin!, realizar un proyecto de vida haciendo cosas que les gusten y con las que utilicen sus talentos; ¡por fin!, decidirse a trabajar en ese sueño abandonado por años; ¡por fin!, realizar cambios creativos y saludables en diversas áreas de su vida. Resultado: padres felices, de buen humor, motivados, satisfechos, e hijos seguros y contentos como consecuencia.

¡Qué maravilloso y formativo ejemplo para los hijos ver que sus padres llevan a cabo acciones concretas para resolver sus problemas, para realizar sus sueños, para desarrollar sus talentos y para crear de manera activa su felicidad.

No les hacemos ningún bien –en cambio– cuando lo que ven en nosotros son seres amargados, infelices, insatisfechos y enfermos, y que además no hacen nada para remediarlo. Imagínate lo que será crecer al lado de una madre o un padre eternamente amargado, triste, angustiado, temeroso y frustrado, y lo que será crecer al lado de padres maduros, seguros y felices. Comprobadísimo está, por otra parte, que los hijos de cualquier edad se sienten culpables cuando ellos son felices y disfrutan la vida, mientras sus padres viven atrapados en una cárcel de sufrimiento e infelicidad.

La separación o el divorcio es una etapa muy difícil en la que estamos sumergidos dentro de un revuelo emocional. El duelo por el divorcio es real y duro, pero como todos los duelos es posible superarlo y recuperar la esperanza y la alegría de vivir. Es responsabilidad de cada quien llevar a cabo las acciones necesarias para que así sea. Hay múltiples herramientas que nos ayudarán a sanar, como las que he propuesto en el capítulo 5 y que de manera sintetizada recordaré a continuación:

- Oración.
- Psicoterapia.
- Homeopatía.
- Flores de Bach.
- Ejercicio físico.
- Actividades artísticas como la pintura, el baile, el canto, el teatro, etcétera.
- Contacto con la naturaleza.
- Reiki.
- Meditación.
- Aromaterapia.
- Musicoterapia.
- La lectura de libros que ayudan a superarte.

• La convivencia con la familia, los amigos y con personas positivas y sanas, etcétera.

El divorcio no es el fin del mundo –aunque cuando estamos en medio del dolor nos parece que lo es–. Es un cambio radical, sin duda alguna; la ruptura de muchos sueños presentes y futuros; la experiencia de pérdida que nos cimbra por completo. Pero también es una nueva perspectiva de la vida, un nuevo camino lleno de posibilidades, un resurgimiento. Hay que superar el dolor y seguir adelante, abrir los brazos a lo nuevo que todo cambio nos trae... Hay que renacer.

8

Mitos y realidades sobre el divorcio

En nuestra cultura existe una mitificación o prejuicio de que el matrimonio es bueno y el divorcio es malo. Las investigaciones recientes han demostrado que más que la separación de los padres, los efectos negativos en la vida de los hijos se deben al hecho de crecer y desarrollarse en un ambiente de agresividad, desamor y conflictos.

Por otra parte, se considera que al divorciarnos destruimos la familia, lo cual no necesariamente es cierto. Manejar esta creencia no es sano para los hijos y tampoco para los padres, porque no les permite ver que tienen una familia y que el hecho de que los padres vivirán en casas separadas no significa que ésta se termina. Muchos hombres y mujeres divorciados antes de esa condición eran muy buenos padres, y después de ésta continúan siendo amorosos, apoyadores y comprometidos. Está además la valiosísima presencia del resto de la constelación familiar: abuelos, tíos y primos, que no tienen por qué perderse con la separación de los padres.

La verdad es que el divorcio es tan mal visto socialmente que se tiende a poner bajo el microscopio a los hijos de

padres divorciados, y así achacar a ese hecho cada defecto
que tienen o error que cometen. En la escuela, por ejemplo,
si un niño se comporta agresivo "es que sus padres son
divorciados"; si saca bajas calificaciones "es porque sus
padres son divorciados"; si es conflictivo en la relación con
sus compañeros y maestros, o aislado y retraído, pues lo
mismo. Y me pregunto: ¿acaso los hijos de padres casados
no presentan esas mismas problemáticas? Sí. La verdad es
que sí las presentan.

Cuando uno investiga acerca de cómo el divorcio afecta
a los hijos encuentra infinidad de artículos e información al
respecto. ¡Muchísimos! ¡Cientos! Pero si tratas de investigar
cómo afecta a los hijos vivir con padres llenos de conflictos
se halla muy, pero muy poca información. (Y para com-
probar esto, sólo teclea esos temas en cualquier buscador
de internet.) Estos estudios que muestran los daños del
divorcio sobre los hijos, los desmenuzan, superanalizan e
hiperdetallan, pero, por lo menos yo, no he encontrado la
misma meticulosidad en los que hablan sobre los daños a
los hijos causados por padres casados y conflictivos.

Conozco a muchos hijos de padres divorciados –inclu-
yendo los míos– que son personas maravillosas, honestas,
trabajadoras, responsables, sanas, productivas y felices.
También conozco a hijos de padres casados que son así.
Conozco además a muchos hijos de padres casados que
son personas psicológicamente enfermas, irresponsables,
flojas, deshonestas e infelices. Conozco de la misma manera a hijos de padres divorciados que son igual. Lo que
quiero dejar claro es que no sólo por el hecho de ser hijos
de padres divorciados, ellos tendrán una vida horrenda y
traumática, y tampoco sólo por ser hijos de padres casados
poseerán una vida sana y maravillosa.

Lo que realmente afecta a los hijos –sean de padres divorciados o casados– es la falta de amor, el abandono de los padres, la indiferencia de éstos, la falta de apoyo, el abuso y la agresión.

Los estudios sobre adultos cuyos padres se divorciaron cuando eran niños muestran que si hubo un manejo sano del proceso y la presencia y amor de ambos padres, ellos se volvieron hábiles para manejar situaciones difíciles, capaces de construir relaciones afectivas sanas, confiados en sí mismos y en sus seres queridos, profesionistas exitosos y buenos padres de sus propios hijos.

Otra aseveración prejuiciosa y relativa –y por lo cual puede resultar engañosa– es la que afirma que los hijos de padres divorciados van más a terapia, implicando que por eso van. La verdad es que en los padres divorciados tiende a haber preocupación e interés de que nuestra separación afecte a los hijos lo menos posible y de apoyarlos para que superen cualquier trauma que ésta les pudiera dejar. Esta actitud se presenta menos en padres casados justamente por estar convencidos de que no hay de qué preocuparse porque están casados y eso es lo correcto. Esto no significa que sus hijos no necesiten terapia, sólo quiere decir que van menos que los de padres divorciados.

El divorcio, como todo en la vida, no tiene sólo una cara ni es cien por ciento "malo". Es posible que a través de él los hijos aprendan la importancia de la honestidad y la autenticidad, al ver a unos padres que deciden separarse porque no se aman o no son felices juntos, en lugar de observar a unos padres que se autoengañan y que aun sin amarse –o hasta odiándose– se quedan juntos toda la vida por miedo, conveniencia, comodidad o por cuidar una imagen social, lo cual es válido también. Lo que no se vale es mentirnos a nosotros mismos y no reconocer las verdaderas razones por las que nos quedamos en una relación en la que nadie es feliz. Por otra parte, los hijos, y muy en particular las hijas, verán un valiosísimo ejemplo de coraje, valentía y dignidad cuando su madre decide dejar una relación en la que es maltratada y abusada –en caso de que lo sea–, en lugar de quedarse ahí permitiendo todo aquello, lo cual les enseña a hacer lo mismo y perpetúa el patrón de abuso en las siguientes generaciones.

Todo lo mencionado no descarta el hecho de que, afortunadamente, muchísimas parejas siguen casadas porque se aman, porque saben resolver sus conflictos, y tanto su unión como sus motivos para seguir juntos son auténticos y honestos.

Otra cara positiva del divorcio muestra que la convivencia entre los padres y los hijos puede volverse más estrecha y profunda que antes. Esto se da cuando los padres son de esos que siguen presentes, que no los abandonan, que los siguen amando y pasando tiempo con ellos. Si los hijos, por ejemplo, se van con su papá el fin de semana, unas horas ciertas tardes o en las vacaciones, el tiempo que pasan juntos es más profundo y de mayor calidad; porque para eso están ahí, porque no hay distracciones, porque se están visitando uno al otro y en esos instantes la relación se vuelve más estrecha.

De ninguna manera pretendo idealizar el divorcio y dar la idea de que es una maravilla y la mejor situación para los hijos. El divorcio es, sin duda alguna, devastador, doloroso y muy difícil tanto para los padres como para los hijos. Pero tampoco quiero aliarme a los tantos prejuicios y creencias preconcebidas y ambiguas que lo presentan como la peor tragedia de la vida y estigmatizan a las personas divorciadas como malos y fracasados, y a sus hijos como enfermos sin remedio. No es el divorcio en sí lo que les arruina la vida a los hijos, sino el desamor de los padres, el abandono y el pésimo manejo que muchos hacen del proceso.

Lo ideal, insisto, sería que todos los hijos del mundo crecieran con su padre y con su madre; que éstos se amaran y respetaran y lo mismo hicieran con sus hijos. Mi recomendación para todos los padres es: pon tu cien por ciento para que las cosas sean así. Haz todos los esfuerzos posibles para que suceda; agota todas las alternativas que tengas a la mano. Y si después de todo decides divorciarte, hazlo con dignidad y respeto para ti y para tus hijos.

"Haz las cosas como Dios manda", diría mi madre.

9

Madres, padres y abuelitos

En una situación de divorcio intervienen muchos factores que juntos conforman la vida de toda la familia involucrada. Algunos tienen que ver con actitudes y comportamientos que provienen específicamente de la madre, otros del padre y unos más de los abuelos, quienes siempre juegan un papel importantísimo en la vida de sus hijos y de sus nietos, y de manera muy particular en el proceso de divorcio.

A lo largo de mi vida, tanto en el contexto profesional como en el personal, ¡he visto de todo y escuchado de todo de parte de padres y madres divorciados! Me han contado innumerables historias y he sido testigo de muchísimas otras. Algunas de ellas tienen que ver con ciertas actitudes y comportamientos de madres, padres y abuelos que en lo personal me duelen profundamente, y de las cuales quiero hablar, con la esperanza de que podamos ver –más allá de nuestro resentimiento y deseos de venganza– las leyes profundas que violamos cuando manifestamos dichos comportamientos.

ESPECIALMENTE PARA LAS MADRES
(Y PARA QUE LO LEAN
LOS PADRES Y LOS ABUELITOS)

Mi querida congénere y compañera de la vida. Compañera también de la experiencia de divorcio y de las dudas, agobios, fracasos y victorias que en esta condición vivimos.

Tú sabes tan bien como yo que sólo por ser mujer eres sabia, sensible, intuitiva, amorosa, *nutridora* y maravillosa. Que eres capaz de bajar la luna y las estrellas y de arrancar milagros del cielo cuando uno de tus hijos lo necesita. El poder de tu naturaleza femenina es inmenso, más aún de lo que a veces tú misma eres consciente. Sin embargo, cuando permites que tu ego se convierta en el amo y señor de tu vida, y te desconectas de tu alma, tu sabiduría se convierte en soberbia y tu poder en orgullo. Y bajo el influjo de ellos te vuelves arrogante y te sientes superior al padre de tus hijos. Te convences entonces de que tú eres la buena, la que sí hace las cosas bien, la que sabe cómo, la que sí puede.

He escuchado expresiones de esta soberbia que me da escalofrío; una madre me escribió un correo electrónico que no era más que una letanía de calificativos desagradables y ofensivos hacia su ex marido, y en cierto párrafo literalmente me decía: "Por buena gente que soy y porque mi hijo lo quiere como a un dios, se lo presto en vacaciones 15 días en verano y 15 en diciembre. Es un niño muy tierno, inteligente y noble. Tan noble y tan transparente que su padre puede en menos de un minuto echar a perder todo el trabajo que hago yo. No puedo permitir que lo eche a perder, el padre no tiene nada bueno para darle".

¿Qué tal? Aquí podemos ver más claro que el agua esa soberbia, orgullo, arrogancia y superioridad de la que estamos hablando.

Casi en cada curso o conferencia que imparto alguna mujer, después de calificar a su esposo o ex esposo como inmaduro, inútil, ignorante y otros "atributos" por el estilo, me pregunta: "¿Qué puedo hacer para arreglar lo que él echa a perder?" "¿Cómo le hago para que no me estorbe en la educación de mis hijos?"

Mi respuesta es algo así como: "Señoras, ¿quién dice que nosotras somos las que sabemos, las capaces, las buenas de la película? ¿Quién nos convenció de que somos superiores que el padre de nuestros hijos en cuanto a su educación?" Las risitas nerviosas de las mujeres y los aplausos de los hombres al sentir que alguien los entiende me confirman que esto es real.

Cuando las mujeres estamos embriagadas por esa soberbia y arrogancia presentamos una fuerte tendencia a querer corregir al padre de nuestros hijos en la manera en que él los educa: "no le digas así porque lo vas a traumar", "ésa no es la manera correcta de llamarle la atención", "dile esto en lugar de aquello", "hazle así, háblale así", "no le digas, no le hagas"… y así hasta el infinito.

Vamos hablando claro: cuando te entrometes en medio de tus hijos y su padre, les robas la experiencia que les corresponde vivir con él; bloqueas la energía masculina que debe fluir del padre hacia los hijos (varones y mujeres), para que puedan completar su desarrollo, y tengan un equilibrio psicológico y espiritual, lo cual no sucederá si la estorbosa figura de la madre se pone en medio de ellos. La energía masculina del padre, es igualmente importante que la energía femenina de la madre. Aun cuando el padre realmente no sea el mejor educando hijos, aun cuando no lo haga "bien", meternos en medio para corregirlo y decirle cómo, es mucho peor que los "errores" o "desaciertos" que él pudiera cometer. Porque no sólo estorbas la experiencia entre ellos y el flujo de la fuerza masculina hacia tus hijos, sino que además, el mensaje que éstos reciben cuando estás constantemente corrigiendo y descalificando a su padre es: "Tu padre no sabe, tu padre no puede, es un tonto, un ignorante, etcétera".

Tal vez tu ego (porque el ego desconectado del alma, además de soberbio es tonto), te lleve a pensar: "Pues qué bueno que crean eso de su padre, es justamente lo que quiero". Pero el daño que esta actitud de parte de la madre provoca en el desarrollo de los hijos, varones como mujeres, es enorme, enorme, enorme.

Debido a que en diversas ocasiones he mencionado al ego, quiero dejar claro que no significa que éste sea malo. Es parte de nosotros, es nuestra personalidad y nos sirve muchísimo para ir por la vida realizando todo lo que nos corresponde realizar. El problema se presenta cuando el ego se desconecta del alma y le damos el poderío absoluto sobre nuestra vida y nuestras decisiones. El ego aislado del alma nos lleva a hacer todas las barbaridades de las que hemos venido hablando para saciar nuestros impulsos más bajos. El ego debe estar al servicio del alma y cuando lo ponemos en su lugar, que es éste, se vuelve el más maravilloso aliado para nuestra evolución; entonces realmente nos sirve para ir por la vida, obedeciendo los dictámenes del alma que es luminosa y sabia y siempre nos guiará por el camino adecuado.

Por otra parte, señoras, en infinidad de ocasiones desperdiciamos la sabiduría masculina del padre de nuestros hijos, porque no lo escuchamos, porque estamos tan convencidas de que no sabe y de que nosotras somos superiores, que descalificamos lo que hace, dice o sugiere, en lugar de aprovechar su valiosa aportación; estamos demasiado ocupadas en descalificarlo. En muchas ocasiones le he comentado a alguna mujer: "Es que él tiene razón en esto; lo que dice es una excelente idea; lo que propone me parece muy bien", y sólo hasta que lo escuchan de mí se abren a verlo desde esa perspectiva.

Esta actitud de soberbia y superioridad que muchas mujeres presentan se encuentra tanto en las casadas como en las divorciadas. Pero en la situación de divorcio con frecuencia se manifiesta de muchas otras formas; por ejemplo, en el hecho de no permitirle al padre estar en contacto con tus hijos. Te posesionas de ellos como si fueran sólo tuyos. A veces es tu forma de vengarte porque tu ex no te da dinero, o porque estás muy enojada y quieres castigarlo; ¡pero cometes un gran error!: al arrebatarles a tus hijos el derecho sagrado que todo ser humano tiene de estar en contacto con su padre, generas un enorme karma para ti, porque violas una de las leyes más sagradas de la vida. Y ni hablemos de las carencias y los vacíos que quedarán en el corazón de tu hija/o que lo acompañarán toda la vida; porque necesitan a su padre, porque tienen el derecho de amarlo, abrazarlo y admirarlo. Tus resentimientos son tuyos; tus deseos de venganza también, pero –por Dios– deja de obedecer lo que ordena tu ego y respeta los sagrados derechos de tus hijos.

He conocido a madres que literalmente le dicen a su ex: "Si no me das dinero, no ves a tus hijos", o de algunas otras maneras le condicionan poder verlos, y hasta le llaman "prestárselos". ¡No, no, no, mi querida amiga! Esto no puede ser sano por el lado que lo veas. Tus hijos no son ninguna mercancía para que hagas trueque con ellos y tampoco son tu propiedad. ¡Por favor no los utilices! Y cuando leas el siguiente apartado ("Especialmente para los padres") notarás cómo la ausencia del padre en la vida de los hijos los lastima y perjudica.

De ninguna manera estoy afirmando que el abandono económico del padre sea justificable y que no proveerles lo necesario para satisfacer sus necesidades materiales sea aceptable. No lo es, en absoluto, pero usar a tus hijos para forzarlo a dar lo que por conciencia no quiere dar, ni funciona, ni trae los resultados que esperas, ni beneficia a nadie.

Entiendo tu coraje y frustración cuando el padre de tus hijos no te apoya en su manutención. Sé lo abrumada y dolida que estás por ello; comprendo la tormentosa impotencia que sientes. Pero aunque suene crudo te diré: ése es su problema, no el tuyo. Él es quien se lo pierde y el que tendrá que responderle a la vida por abandonar un compromiso sagrado que adquirió con ella al convertirse en padre.

La vida te apoya, no estás sola; el universo entero te cuida y podrás salir adelante con todo lo que implica haberte quedado con la responsabilidad; millones de mujeres han podido y tú también podrás. Existen numerosos ángeles y poderosas fuerzas espirituales que cuidan y apoyan a las madres solas. Confía en que así es.

El camino legal es uno que algunas mujeres eligen para lograr que su ex marido les aporte una pensión económica, que bien merecida tienen sus hijos. Esto es válido si así lo decides, y si es tu caso la asesoría y el apoyo de un abogado te será de gran utilidad en el proceso.

Y aunque tu ex no te dé dinero, aunque no te apoye de la manera que lo necesitas, deja que tus hijos lo honren, lo amen y lo disfruten. Deja que absorban su energía paterna y su presencia, por el bien de tus hijos, por tu propio bien.

No haces ningún favor al permitírselo; ¡es su derecho! Hay madres a las que esta soberbia les ha obnubilado la mente y el corazón de tal forma que, refiriéndose al padre de sus hijos, dicen cosas como: "No lo necesitamos para nada". Te equivocas. Tal vez tú no lo necesites, pero tus hijos sí. Él se ha convertido en tu ex esposo, pero nunca será el ex padre de tus hijos.

Por su importancia voy a repetir lo que he mencionado antes. La única situación justificable en la que debemos prohibir al padre o la madre el contacto con sus hijos es cuando, por la evaluación e indicación de un profesional, la presencia del mismo perjudica a los hijos en su integridad moral o física, o los pone en peligro, como sucede en casos de adicciones, abuso físico, psicológico o sexual; actos de extrema irresponsabilidad en el cuidado de sus hijos debido a una personalidad inmadura y enferma; comportamientos depravados o inmorales; enfermedad mental. Y aun en ciertos casos, si dicho especialista lo considera adecuado, podrían convivir con su padre o su madre bajo el cuidado y la supervisión de un adulto responsable y confiable. Tampoco para esto hay recetas, pero sí una variedad de alternativas, y bajo la vigilancia de un profesional competente se podrá encontrar la mejor y más sana para todos.

Es posible, sin embargo, que tú sí quieres que tus hijos tengan contacto con su padre, pero él es el que no lo desea. No le interesan, los deja plantados, los ignora como si no existieran y, en el peor de los casos, de plano se va de su vida. El caso del padre ausente lamentablemente es muy común. A veces la ley los obliga a apoyar, a dar una pensión económica y estar presentes (increíble que se les tenga que obligar por ley), pero siendo realistas, a veces la ley misma no puede lograrlo por alguna circunstancia, o no apoya a la mujer como debiera.

Si tus hijos tienen un padre ausente es recomendable que cuando son niños y adolescentes busques ayuda de una figura masculina confiable y buena, como tu padre, un tío, un maestro, tu hermano o tu cuñado. Los hijos varones necesitan una figura masculina adulta para hacer su proceso de identificación con su rol sexual como hombres e internalizar las cualidades masculinas que reciben de dicho modelo, para lograr desarrollar las propias. Tus hijas te tienen a ti como modelo femenino, pero si el padre está ausente no hay modelo masculino para los varones.

Es importante que pidas a ese hombre adulto, confiable y bueno que te apoye para que tus hijos varones logren ese proceso: conviviendo con ellos, invitándolos a unirse a sus actividades cada que sea posible, llamándoles por teléfono, enseñándoles trabajos masculinos, platicando con ellos, contándoles sobre sus propios proyectos de trabajo y experiencias de la vida, dándoles consejos, etc. Se puede aprovechar cualquier situación de la vida cotidiana para tener esta comunicación e interacción, que resulta tan simple como decirle: "ayúdame a cambiar este foco", "vamos a meter la hielera al coche", "vamos a cortar esta madera para la repisa de la cocina", "vente conmigo en la tarde para que vayamos a arreglar unos asuntos", etcétera.

La interacción con la energía de un hombre adulto bueno que funja como modelo masculino tendrá efectos profundamente sanos para tu hijo. Lo ideal sería que su propio padre ejerciera esta función, pero si se ha ido puede ser sustituida, como lo hemos mencionado. No te preocupes, tu hijo va a estar bien.

Otro aspecto del que te quiero hablar es acerca de la tendencia que muchas madres tienen a retener a los hijos a su lado; dependen demasiado de ellos para que les llenen los vacíos y crean una extrema necesidad de mantenerlos cerca, como si no tuvieran vida propia sin ellos. Si bien esto se da también en las madres casadas, en las divorciadas la probabilidad de que se presente tiene un matiz muy particular. Por el hecho de que a veces nos sentimos solas, podemos llegar a apegarnos a nuestros hijos de manera nada sana. Por eso es tan importante que seamos mujeres maduras y fuertes, con un proyecto de vida personal, que tengamos la disposición de sanar nuestros conflictos emocionales y de seguir nuestros sueños y realizarlos. De esta manera podremos dejar libres a nuestros hijos, para que ellos puedan también tener su propio proyecto de vida y disfrutarlo: desde asistir a una fiesta infantil y divertirse mucho, hasta volar del nido cuando llegue el momento, sin sentirse culpables.

Esto podrá suceder sólo si tienen una madre madura y fuerte, que les da el permiso y la libertad de ser, así como se los da ella misma.

Gracias por recibir mis palabras, mi querida compañera de la vida. Es mi profundo deseo que hayan podido entrar a tu corazón y a tu alma de maga, de sabia, de luna llena.

ESPECIALMENTE PARA LOS PADRES (Y PARA QUE LO LEAN LAS MADRES Y LOS ABUELITOS)

> Un padre vale por cien maestros.
>
> GEORGE HERBERT

Desde hace muchos años, cuando pienso en *padre*, me viene a la mente la imagen de un grande y frondoso árbol; de esos con un grueso y fuerte tronco y enormes raíces, tan grandes que se levantan majestuosas sobre el suelo; con una copa frondosa, espesa y vasta, bajo la cual se aspira una mágica frescura y uno se siente protegido y seguro. Ésa es mi imagen favorita del símbolo de un padre.

¡Afortunados los hijos que tienen uno así!

En la situación de divorcio las madres cometemos monumentales errores como los que mencioné en el apartado anterior, y ustedes, mis queridos señores, también cometen otros. Haber escrito la sección "Especialmente para las madres" es para llevarnos a hacer conciencia de esos graves errores y sus consecuencias en la vida de nuestros hijos a los que tanto amamos. Escribir esta sección "Especialmente para los padres" tiene el mismo propósito.

Cuando los seres humanos estamos resentidos y dolidos tendemos a desear desquitarnos con quien nos causa esos tormentosos sentimientos. Si bien ésta no es una reacción de lo más sana y madura, sí es muy, pero muy común. Muchos padres en la situación de divorcio, al sentirse lastimados y enojados, desean –a veces consciente y a veces inconscientemente– castigar a su ex mujer, más aún cuando ella fue quien decidió divorciarse y tomó la iniciativa para llevarlo a cabo.

Una forma muy común para lograr estos insanos objetivos es no darle dinero para la manutención de sus hijos y negarle toda clase de apoyo para su crianza. El ex esposo de una amiga mía solía decirle cada vez que ella le rogaba apoyo para comprar los uniformes escolares, ir a consulta con el doctor, comprar las medicinas o cualquier otra necesidad de los hijos con la que ella de plano no podía sola: "Querías divorciarte, ¿verdad? ¡Pues vive las consecuencias!"

Algunos padres dejan de cumplir sus obligaciones con sus hijos por una variedad de razones, pero ésta de castigar a su ex al no apoyarla es sumamente común. Si es tu caso, amigo mío, sí que la castigas y tus deseos de vengarte se vuelven realidad. Porque se le va el sueño pensando en las cuentas que tiene que pagar, se angustia al pensar que toda la carga está sobre sus espaldas, se siente agobiada y preocupada. Ninguna mujer con hijos debería estar preocupada por dinero; cuando lo está, es porque el padre no la apoya. Ninguna madre debería tener que pasar por esto. Las madres deben estar serenas, tranquilas, para que puedan transmitirles a sus hijos esa misma sensación, y enseñarles a confiar en la vida y en sí mismos, y a sentir que este planeta es un lugar donde vale la pena vivir.

El castigo que le impones al dejarla con toda la responsabilidad de la manutención de tus hijos –y a veces también de su cuidado– no sólo se queda ahí, sino que se convierte en un castigo también para ellos, porque tendrán que quedarse solos mientras su mamá se va a trabajar; porque la necesitan y la extrañan; porque su cercana presencia en los años de la infancia es indispensable para su sano desarrollo, y su ausencia deja vacíos irreparables; porque tendrán que pasar penurias económicas; porque sienten que no valen y no merecen que su padre los apoye; porque tendrán que vivir con una mamá agobiada, preocupada, estresada y mal dormida. Ningún hijo debería tener que pasar por esto. Por algo reza aquel sabio y viejo dicho, que lo mejor que puede hacer un padre por sus hijos, si realmente los ama, es apoyar y proteger a su madre, para que ella esté tranquila, serena, feliz y en óptimas condiciones para cuidarlos y amarlos, porque los cuidados, la cercanía y el amor de la madre sana todo, repara todo, resuelve todo.

Muchas veces escucho a hombres divorciados justificar el no mantener a sus hijos: "Es que no tengo dinero". Mis queridos señores, ¡ella tampoco lo tiene! Se parte en mil pedazos para poder atender a tus hijos, llevarlos y traerlos, alimentarlos, revisar la tarea, bañarlos y cuidarlos con todo lo que esta simple pero compleja palabra implica. Y encima de todo tiene que salir a trabajar, porque si ella no lo hace, tus hijos no comen. Ella no puede darse el lujo de cruzarse de brazos, voltearse a otro lado y expresar la excusa de que no tiene dinero… Ella TIENE que producirlo.

Abandonar el compromiso sagrado que adquiriste con la vida al procrear a tus hijos es un gravísimo error, que por tu propio bien y el de tus hijos te convendría corregir.

Sin embargo, permíteme también decirte: sé muy bien que muchas ex esposas son sinvergüenzas y abusivas. Que tal vez tú cumples con darle una cantidad de dinero suficiente y digna para la manutención, pero ella se lo gasta en uñas postizas y cámaras de bronceado.

A un amigo mío le pasó algo así; tenía alrededor de un año de divorciado. Mes tras mes le daba a su ex mujer el dinero de la renta, de las colegiaturas y lo necesario para la comida y los gastos cotidianos. Un día le llamó el dueño del departamento donde vivían su ex y sus hijos y le gritó molesto que era un sinvergüenza, poco hombre, irresponsable y desobligado. Le dijo que por pura lástima no había corrido a sus hijos y a su madre del departamento, porque no tenía corazón para echarlos a la calle, pero que ya se le debían ocho meses de renta y no podía aguantar más, porque esto le estaba afectando mucho su economía; le gritó que eso de no darle dinero a sus hijos para que tengan un techo no es de hombres, y que si no le pagaba de inmediato tendría que echarlos fuera.

Mi amigo estaba atónito. No podía creer lo que escuchaba; cada mes le daba a ella puntualmente el dinero de la renta y ahora se enteraba de que por ocho meses no la había pagado. Le explicó al señor lo sucedido y se disculpó por los inconvenientes que se le habían causado, y prometió repararlos lo antes posible.

¿En qué se había gastado el dinero? Sólo ella sabe, pero su actitud sinvergüenza, mentirosa y abusiva no tiene justificación. Por ocho meses se estuvo haciendo la víctima ante su casero, argumentó que su ex no le daba dinero y por eso no podía pagarle. Generó su lástima mientras se gastaba el dinero en Dios sabe qué, y ensuciaba a su vez la imagen de su ex esposo.

En otro caso, un paciente divorciado me contó algo por el estilo. Él era un hombre de mucho dinero. Como no quería que por causa del divorcio sus hijos pasaran penurias ni restricciones económicas, decidió dejarle un par de tarjetas de crédito a su ex mujer. Éstas eran pagadas cada mes por su contadora, como acostumbraba hacerlo antes del divorcio, y él ni se enteraba de cuánto o en qué gastaba. Un día, por pura curiosidad o tal vez por intuición, sintió el impulso de revisar algunos estados de cuenta. Para su sorpresa encontró que había compras significativas en tiendas donde se venden aparatos electrodomésticos, el pago a una aerolínea de un boleto de avión, aunque ella no había salido de viaje, muchas compras en diversas tiendas exclusivas de ropa y otras adquisiciones en una variedad de establecimientos a las que no les encontraba ningún sentido.

Al confrontar con esto a su mujer, ella simplemente se negó a dar explicaciones y no dijo una palabra. Mantenía una relación desde hacía pocos meses con un hombre de una clase social muy baja y en una situación económica deplorable, al igual que toda su familia. El indignado ex

marido investigó y se enteró de que los enseres domés-
ticos (lavadoras, secadoras, refrigeradores, hornos de
microondas) habían sido regalitos que ella les dio a las
hermanas de su pareja; el boleto de avión fue para que su
novio fuera a la ciudad de México, de donde era oriundo,
a hacer unos trámites para el nuevo empleo que consiguió
como intendente de una dependencia gubernamental, y la
ropa... ¡para él, por supuesto! ¡Y todo con el dinero de
su ex marido!, quien tuvo la decencia de dejarla libre para
manejar las tarjetas, aunque lo esperado era que las usara
en los gastos de sus hijos.

De veras que hay mujeres que no valoran la integridad
de su ex; que lejos de apreciar y agradecer su apoyo, lo
pisotean y abusan sin escrúpulos. Sé muy bien que hay
historias como éstas.

Si la tuya es similar no significa que por la actitud de tu
ex mujer tengas que desamparar a tus hijos, que ninguna
culpa tienen. Busca la manera de hacer personalmente los
pagos de escuela, renta y comida. Llévalos a comprar la
ropa y zapatos, dales directamente a tus hijos el dinero para
sus gastos personales, etc. Lo que pretendo dejar claro es
que tus hijos necesitan tu apoyo emocional, pero también
el económico. No les haces ningún favor al otorgárselo,
es su derecho sólo por estar vivos, y el compromiso que
adquiriste con la vida al convertirte en padre.

Yo me quito el sombrero ante los hombres que no
dejan desamparados a sus hijos después del divorcio.
Que en lugar de desentenderse de sus responsabilidades
y ni siquiera preguntarse: "¿Qué habrán comido mis hijos durante estos años que no les he dado ni un peso?",
siguen cumpliendo con su sagrado compromiso de pro-
veerlos, cuidarlos, amarlos y apoyarlos. A estos hombres,

¡gracias! Que todo les regrese multiplicado setenta veces siete...

Otro aspecto que quiero mencionar es la importancia que tiene tu cercanía en la vida de tus hijos. Muchos padres se alejan de ellos y los privan de su presencia; no conviven con ellos, no les llaman, no los apoyan, no los cuidan, no los proveen, no comparten la vida. Tus hijos te necesitan muchísimo y tu presencia no puede ser suplida por la madre. Ellos requieren tu cuidado, tu apoyo financiero, tu amor, y ninguna de estas cosas debe depender de si estás molesto con su madre o quieres castigarla. Ella es ahora tu ex mujer, pero tus hijos nunca serán tus ex hijos.

En el capítulo 7, en la sección "Haz que *divorcio* no sea igual a *abandono*", hablé ampliamente de lo que éste afecta la vida de nuestros hijos. Ahora plantearé de manera concisa los resultados de algunas investigaciones muy serias, profesionales y confiables, que muestran los efectos y las consecuencias del abandono del padre.

En febrero de 2008, la revista *Acta Paedriatica* publicó un artículo titulado "Fathers' Involvement and Children's Developmental Outcomes: A Systematic Review of Longitudinal Studies" (La participación del padre y los resultados en el desarrollo de los niños. Una revisión sistemática de estudios longitudinales)[1]. Los investigadores que llevaron a cabo este estudio fueron Anna Sarkadi, Robert Kristiansson, Frank Oberklaid y Sven Bremberg. Sus conclusiones fueron éstas:

---

[1] Estudios longitudinales son aquellos en los cuales los sujetos que se estudian son observados en varios puntos en el tiempo, comparando los datos cada cierto intervalo para descubrir los cambios que dan en el elemento que se estudia.

La presencia del padre en la vida de sus hijos

- Reduce la frecuencia de problemas de comportamiento en los hijos varones y de problemas psicológicos en las hijas mujeres, y tiene un efecto muy positivo en su desarrollo cognitivo.
- Reduce los índices de delincuencia en los hijos varones y de problemas económicos en la familia.
- Tanto los hijos hombres como las mujeres tienden a tener más éxito en la vida.
- La participación del padre en la escuela está asociada con una mayor probabilidad de que el alumno/a saque las mejores notas. Esto es válido tanto para padres biológicos como para padrastros y para familias encabezadas solamente por el padre.
- Los hijos[2] cuyos padres los mantienen viven mejor y se sienten valorados. Tienen un modelo de un hombre responsable que actúa de forma responsable.
- No parece tener ninguna importancia el tipo de trabajo que tiene el papá o cuánto gana, sino el hecho de que cumpla con sus responsabilidades y se esfuerce lo máximo posible.
- Los padres que cumplen sus responsabilidades con sus hijos experimentan más paz. Los padres que evaden su responsabilidad y se desentienden de ellos enfrentan intensos sentimientos de vergüenza y culpa, porque al abandonar a su hijo lo expone a un sinfín de problemas. Esto nunca les sucederá a los padres presentes en la vida de sus hijos.

---

[2] Es importante aclarar que aunque por razones gramaticales uso la palabra *hijo/s* o *niño/s* me estoy refiriendo tanto a mujeres como varones.

Existe una categoría en las ciencias sociales llamada *ausencia paterna*. Ésta se considera el problema social de mayor trascendencia en la actualidad. Los investigadores reconocen la ausencia o presencia del padre como un factor significativo para el fracaso o el éxito de sus hijos, y su involucramiento en sus vidas hace una diferencia enorme e irremplazable en términos de educación, manutención, abusos, salud física y mental, uso de drogas, actividad sexual, embarazo y prácticamente cualquier otro indicador social, tal como lo muestran los resultados de diversas investigaciones que presentó la National Fatherhood Initiative (Iniciativa Nacional para la Paternidad).

Veamos esos crudos resultados, con la esperanza de que nos hagan tomar conciencia tanto a las madres como a los padres de la importante presencia de éstos en la vida de nuestros amados hijos.

- Los niños sin padre tienen el doble de probabilidades de abandonar la escuela. (Fuente: Departamento de Servicios Humanos y Salud de Estados Unidos, Centro Nacional de Estadísticas sobre Salud, Estudio sobre salud infantil, Washington, DC: GPO, 1993.)
- Los niños cuyo padre está ausente de sus vidas tienen cinco veces más probabilidades de ser pobres. (Fuente: Oficina de Censos de Estados Unidos.)
- Un niño que no vive con su padre tiene 54% más de probabilidades de ser más pobre que su padre. (Fuente: Elaine Sorenson y Chava Zibman, "Getting to Know Poor Fathers Who Do Not Pay Child Support" [Una aproximación a los padres pobres que no pagan la pensión de sus hijos], *Revista del Servicio Social 75*, septiembre de 2001, pp. 420-434.)

- Los índices de mortalidad infantil son 1.8 veces más altos entre los hijos de padres ausentes. (Fuente: T. J. Matthews, Sally C. Curtin y Marian F. MacDorman, *Informes de estadísticas vitales nacionales*, vol. 48, núm. 12, Hyattsville, MD: Centro Nacional de Estadísticas sobre Salud, 2000.)

- Un estudio con 3 400 alumnos de escuelas secundarias indicó que el hecho de no convivir con los padres biológicos aumenta cuatro veces el riesgo de presentar algún desorden afectivo. (Fuente: Steven P. Cuffe, Robert E. McKeown, Cheryl L. Addy y Carol Z. Garrison, "Family Psychosocial Risk Factors in a Longitudinal Epidemiological Study of Adolescents" [Factores de riesgo psicosocial familiar en un estudio longitudinal y epidemiológico de adolescentes], *Revista de Psiquiatría Académica de Niños y Adolescentes en los Estados Unidos 44*, febrero de 2005, pp. 121-129.)

- Incluso después de garantizar la manutención, los jóvenes de hogares con padres ausentes continúan teniendo mayores probabilidades de ir a la cárcel que aquellos que se criaron con un padre presente. Los jóvenes que nunca tuvieron un padre en el hogar tienen las probabilidades más altas. (Fuente: Cynthia C. Harper y Sara S. McLanahan, "Father Absence and Youth Incarceration" [Ausencia paterna y encarcelamiento juvenil], *Revista de Investigaciones sobre la Adolescencia 14*, septiembre de 2004, pp. 369-397.)

- Los adolescentes –especialmente los varones– que no tienen contacto con su padre presentaron un riesgo más alto para cometer actos delictivos contra el Estado, la propiedad y las personas. (Fuente: Amy L. Anderson, "Individual and Contextual Influences on Delinquency:

The Role of the Single-Parent Family" [Influencias individuales y contextuales en la delincuencia: el papel de la familia con padres solteros], *Revista de Justicia Criminal 30*, noviembre de 2002, pp. 575-587.)

- De 228 alumnos estudiados, los que tenían un padre ausente presentaron los mayores índices de consumo de alcohol y tabaco, así como los resultados más altos en pruebas de delincuencia y agresión, en comparación con los jóvenes cuyo padre está presente. (Fuente: Kenneth W. Griffin, Gilbert J. Botvin, Lawrence M. Scheier, Tracy Diaz y Nicole L. Miller, "Parenting Practices as Predictors of Substance Use, Delinquency, and Aggression Among Urban Minority Youth: Moderating Effects of Family Structure and Gender" [Prácticas de paternidad como vaticinadores del uso de sustancias ilegales, delincuencia y agresión entre jóvenes de minoría urbana: efectos moderadores de la estructura familiar y el género], *Psicología de comportamientos adictivos 14*, junio de 2000, pp. 174-184.)

- El hecho de haber sido criado por madres solteras aumenta el riesgo de embarazo en la adolescencia, de matrimonio antes de la obtención del diploma de enseñanza media y de formación de un matrimonio en el que ambos cónyuges no cuentan ni siquiera con ese diploma. (Fuente: Jay D. Teachman, "The Childhood Living Arrangements of Children and the Characteristics of Their Marriages" [Las configuraciones de la vivienda en la infancia y las características de los matrimonios], *Revista de Temas de Familia 25*, enero de 2004, pp. 86-111.)

- Investigadores que estudiaron un grupo de Estados Unidos y uno de Nueva Zelanda encontraron evidencias fehacientes de que la ausencia de padre afecta la actividad sexual precoz y el embarazo en la adolescencia. Los adolescentes sin padres presentaron el doble de probabilidades de involucrarse en actividades sexuales precoces y siete veces más probabilidades de quedar embarazadas durante este periodo. (Fuente: Bruce J. Ellis, John E. Bates, Kenneth A. Dodge, David M. Ferguson, L. John Horwood, Gregory S. Pettit y Lianne Woodward, "Does Father Absence Place Daughters at Special Risk for Early Sexual Activity and Teenage Pregnancy" [La ausencia del padre coloca a las hijas en una situación de riesgo especial en relación con la actividad sexual precoz y el embarazo en la adolescencia], *Desarrollo Infantil 74*, mayo/junio de 2003, pp. 801-821.)

- Un análisis de los casos de abuso infantil reveló que los niños cuyo padre está ausente tienen más probabilidades de ser víctimas de abuso físico y sexual que los niños que tienen convivencia constante con su padre biológico. Estos niños presentaron:

  - Un riesgo 77% mayor de sufrir abusos físicos.
  - Un riesgo 87% mayor de resultar lastimados negligencia física.
  - Un riesgo 165% mayor de sufrir abandono físico considerable.
  - Un riesgo 74% mayor de ser víctimas de abandono emocional.
  - Un riesgo 80% mayor de sufrir lesiones graves resultado de abusos.
  - En términos generales, un riesgo 120% mayor tar en peligro de sufrir algún tipo de abuso infa

Apéndice

Dónde buscar ayuda

Hace poco, mi casa editorial me proporcionó la valiosa información de la existencia de la Asociación Mexicana de Padres de Familia Separados, A. C. (www.ampfs.com.mx), que ofrece apoyo y asesoría psicológica y legal a madres y padres divorciados.

De inmediato entré a esa página *web* y "los puse a prueba" para decidir si los recomendaba en este libro o no. Envié un corrreo electrónico a la dirección que muestran en un apartado que dice: "Si te interesa pedir ayuda para tu caso: Manda un correo a: ampfs_mex@hotmail.com".

Aunque en realidad no pedí una asesoría específica, recibí una rápida respuesta a mi correo y se pusieron a mis órdenes para apoyarme en lo que necesitara.

Luego vi otra sección donde dice: "Si tienes alguna duda, no dudes en ponerte en contacto con nosotros", y muestran el teléfono celular del señor Alejandro Heredia Ávila, director general. Le llamé y obtuve una respuesta inmediata; me sorprendió la calidez y la amabilidad con que el señor Heredia me trató desde la primera palabra que pronunció. Hasta ese momento no revelé –ni en esa llamada ni en mi correo– que yo escribía libros y que estaba elaborando uno sobre el divorcio. Hablé poco con el señor Heredia y le hice algunas preguntas sobre la asociación que fueron respondidas con toda claridad y respeto, como si todo el tiempo del mundo fuera para atenderme. Después le comenté que estaba escribiendo este libro y entonces la plática viró hacia un aspecto más profesional y con todo el entusiasmo del mundo me invitó a ser parte de sus proyectos.

Quedé verdaderamente complacida con la atención rápida, cálida, respetuosa y amable que se ofrece en esta asociación. Aunque se encuentra en la ciudad de México, ellos atienden a personas de cualquier lugar, las canalizan con los profesionales que las pueden apoyar en su localidad y ofrecen ellos mismos el apoyo posible a través de los especialistas que conforman dicha institución. Organizan congresos periódicamente en diversas ciudades, en los que tratan toda clase de temas relacionados con los hijos y los padres en la situación de divorcio, presentados por expertos de gran calidad. Esta Asociación Mexicana de Padres de Familia Separados es sin duda algo con lo que puedes contar.

Otra valiosa institución que ofrece apoyo eficaz y profesional es el Sistema para el Desarrollo Integral de la Familia (DIF). Los hay en todos los estados de la República mexicana y agrupa a toda clase de profesionales que te podrán orientar tanto en temas legales como psicológicos.

Asimismo es posible que en la localidad donde vives existan otras instituciones gubernamentales o privadas que pueden ayudarte, es cuestión de que pongas manos a la obra y busques. El que busca, encuentra, y yo no tengo ninguna duda al respecto.

También puedes acudir a terapia o asesoría legal. Yo no tolero la excusa de "no tengo dinero" y ojalá tampoco tú.

Si realmente lo deseamos, haremos que suceda: buscamos a algún terapeuta cuya cuota sí podamos pagar, o de plano le proponemos una negociación. En mi caso algunas veces he aceptado que ciertos pacientes que de veras no tienen recursos económicos, pero sí unas enormes ganas de comprometerse en su proceso de terapia, me paguen de otras maneras. Por ejemplo, uno de ellos tenía una imprenta y me remuneró con hojas membretadas y tarjetas de presentación. Otra pareja de pacientes tenía una pequeña fábrica de deliciosos quesos, crema de leche y cajeta, y cada sesión me llevaban por ese concepto algunos de sus productos. Otra mujer divorciada con serias limitaciones económicas me ofrecía una rica sopa de arroz, salsas o deliciosos frijolitos de la olla en cada sesión, que mis hijos y yo realmente disfrutábamos, al punto tal que esperábamos con ansia el día en que ella iba a consulta. Otra en las mismas circunstancias me pagaba con el servicio de hacer las compras en el súper, o me pagaba la luz y el teléfono –yo le daba el dinero–, en aquellos tiempos en que la única forma de pagar estos servicios era ir físicamente al banco o a las oficinas de dichas instituciones, lo cual se me complicaba muchísimo. Una jovencita hacía hermosas piezas de papel maché o repujado, y con una de ellas pagaba cada sesión. Todavía conservo las hermosas obras de esta sensible y talentosa artista.

Yo aprecié y valoré cada una de estas "formas de pago" que me hicieron la vida más fácil o me aportaron algo útil y bueno.

Mucha gente espera que la ayuda profesional de cualquier tipo le llegue gratis, y eso no es sano ni justo para nadie. Hay quienes dicen que si a una persona no le cuesta algo, no lo valora. Desde mi punto de vista, esto es mucho más profundo. Tienes que dar algo a cambio de lo que recibes. Cuando sólo queremos recibir sin dar nada a cambio, violentamos una ley de la vida, la de DAR y RECIBIR. Ésta es un flujo de energía que si sólo fluye para un lado provoca desarmonía y desbalance. Hay que DAR y RECIBIR ... DAR y RECIBIR ... DAR y RECIBIR. Y en el caso que nos ocupa esto puede ser dinero, ayuda o algo material; al fin y al cabo todo es energía en diferente forma y manifestación.

Sea como sea, buscar ayuda cuando la necesitamos es una responsabilidad personal que nos conviene mucho asumir, dejando de lado las excusas y tomando una actitud proactiva para hacer que las cosas sucedan.

Consejos para padres divorciados
de Martha Alicia Chávez
se terminó de imprimir en **Agosto** 2009 en
Comercializadora y Maquiladora Tucef, S.A. de C.V.
Venado N° 104, Col. Los Olivos
C.P. 13210, México, D. F.